アメリカ衰退の元凶
バラク・オバマの正体

カバールの「グラディオ作戦」徹底検証

Impeach Obama!!!

副島隆彦［監修］
SOEJIMA Takahiko

西森マリー［著］
Marie NISHIMORI

監修者のことば

副島隆彦

本書『アメリカ衰退の元凶 バラク・オバマの正体――カバールの「グラディオ作戦」徹底検証』は、西森マリー氏の6冊目のディープステイト＝カバールと戦う本である。すべて同じ秀和システムから発売された。大きな書店にはシリーズとして1冊目からまとめて並んでいる。

この西森さんの本を、いま日本の、生来の、鋭い感覚をした女性たちが急速に読み始めている。女性たちは、人類が今、厳しく直面している、この大きな決戦で、「正義が勝つ。私たちが勝つ」と言い切る。テレビや大新聞など、既成メディアが流すニューズが言っていることはどうも怪しい。全部ディープステイト＝カバール側にとって、都合のいいフェイクニューズばかりだ！と、女たちは鋭く感づいている。

治験《ちけん》もしていない、打つ必要もない危険なワクチンを、子どもたちにまで何回も打たせた。職域（強制）接種で、自分の体にもコロナ・ウイルス（Covid-19《コウヴィッド》）のワクチンを嫌々《いやいや》ながら打たれた人たちがたくさんいる。自分の体と、子どもたちを守るために、激しい怒りと共に目覚《めざ》めた。アメリカでも「子供たちを守れ」の主婦たちが、このawake《アウェイク》（覚醒《かくせい》）した女たちが自分たちで団体を作って戦いを始めている。彼女たちはディープステイトに対して決死の覚悟で戦う気だ。女性は強い。いま、西森本を真剣に読んでいるのはこの人たちだ。

女たちは、私の身近の周《まわ》りの女たちを含めて、絶対に正義が勝つと断言する。日頃、穏《おだ》やかで争いを好まない者たちの顔つきの片隅に、一瞬ふっと表《あら》われる、殺気立つ怒りを権力者たちは甘く見ない方がいい。男たちは、私も含めて、「正義が勝つ」と言い切るだけの度胸がない。これまでの人生で、散々、敗北して、ずっと苦しい撤退戦《てったいせん》をやって来たからだ。

しかし、女たちは違う。私は、西森さんを先頭、急先鋒《きゅうせんぽう》（ハービンジャー）、前衛（ヴァンガード）とする、この元気な女性たちに、ガンバレ、ガンバレと声援を送り応援する。これは私の天命《てんめい》と職責《しょくせき》だ。彼女たちの後ろから、なんとか邪魔にならないようにしっかり、付いて行こうと、私はいつも決意している。

本書は、第44代米大統領バラク・オバマ（任期2009年1月20日-2017年1月20日）のことだけに1冊丸々を費やしている。アメリカ政治の2009年以降のすべての悪《あく》は、オバマが元凶である、と、黒人第1号大統領（メディアでもてはやされた）を、西森マリーは徹底的に糾弾している。

私はいまも覚えているが、オバマが大統領選に勝利した2008年11月よりも4年前の2004年に、ふと海外ニューズを見ていたら、雄弁で賢そうな若手黒人政治家の顔が映像に出た。この時、急に出て来て、43歳でいきなり上院議員（イリノイ州選出。大都市シカゴを含む）になって登場した。私は、その時、ピンと来た。こいつがきっと次の大統領になるだろう、と。そのように決められ仕組《しく》まれているのだ、と。そのとおりに自分の本たちに書いた。私のこの予言は的中した。オバマは、共和党候補だったジョン・マケインを下して第44代大統領に決まった。

だから、私は、このオバマという黒人の男が、アメリカ政界の奥、かつ上《うえ》の方（アバヴ・ザ・ラー above the law　法律を超える雲の上）のグローバリスト（globalist　地球支配《しはい》主義者たち（当時は「ディープステイト」the Deep State や「カバール」Cabal という言葉はなかった）から計画的に引き上げられ、登場した人間だ、ということを私は分かっていた。

それでも私は、ヒラリーとジョージ・ソロスの方がずっと悪い悪魔たちだ。オバマは〝姐《あね》さん女房〟のミシェルに頭が上がらない男だ、とずっと思って来た。

しかし、本書を読むと、私の認識は甘かったようだ。西森マリーは、「クリーン」を看板とするこの男の正体を、その出生、生い立ち、アーリー・キャリアの頃の秘話から、大統領になってから、各国で実行したグラディオ作戦（偽旗工作《にせはた》）の詳細までを、この本で実に膨大な量のファクト（事実証拠）で提示している。

その極《きわ》めつけは、やはり、本書37ページの写真にもあるように、ミシェル夫人が、実は男であるという仰天ニューズだろう。オバマも真正正銘《しんせいしょうめい》のＬＧＢＴＱ《エルジービーティキュー》の申し子なのだ。

西森さんの前の本たちから、日本でこの噂は広がった。女たちがまず鋭く察知した。明確な事実として証拠付きで提示されると、私たちは黙る。

西森マリーの、日本国民のための更《さら》なる言論での闘いと戦捷《せんしょう》を祈ります。

副島隆彦

２０２３年８月22日

はじめに

少なくとも十字軍以降の世の中は、カバール（王族と、王族にカネを貸して、借金の形《かた》に領地や貴族の称号を得たり、王族と結婚することで貴族の仲間入りをした銀行家）と、カバールの手下であるディープステイト（諜報機関、政治家、政府高官などで構成されるカバールの執行機関）に支配されていました。

アメリカのディープ・ステイトの中核に位置するオバマは、カバールの指示に従って、2009年から2025年の16年間でアメリカを解体して、ワン・ワールドを達成しようと企んでいました。この企みを説明したQのインテル・ドロップを見てみましょう。

彼らは彼女が負けるとは思いもしなかった。

［アメリカを破壊する16年計画］

フセイン［8］

悪の作戦をインストール

極秘情報／軍の機密をリーク
軍への資金を削減
将軍たちから指揮権を奪う
善人排除作戦開始――ヴァレリー・ジャレットが識別
極秘情報アクセス権の売却
スノーデンがプリズム／キースコアをオープンソース化（米軍と世界中の悪者＋CIAの戦い、NSAに壊滅的な打撃を与える）
保守層を狙い／弱体化させる（国税庁／大手メディア）
国境開放（不法入国者殺到：民主党勝利）イスラム国／MS13の資金・設置（恐怖、政敵の狙い撃ち・排除、国内工作員など）
北朝鮮［核兵器製造］無視
イラン［資金・素材提供］無視
最高裁構成［スカリア判事187］
ウラニウム1　イラン／北朝鮮に資金・供給［＋米国の能力を低下させる］
NASA破壊（宇宙支配阻止／悪者が軍事通信衛星／世界の安全な通信を抹殺／WMDを設置）――宇宙からの電磁パルスのリスク（無防備）

ヒラリー［8］
第3次世界大戦［死と兵器は本物／戦争は偽物とコントロールされた芝居］［人口増加コントロール／数十億を着服］
政府／米軍内の最後の敵を排除
経済抹殺［飢餓／政府依存／奴隷化］
国境開放
憲法変更
銃器販売禁止（憲法補正第2条削除）
最高裁判事に味方の判事を任命し、補正第2条挑戦者の大勝利（スカリア判事187）
選挙人制度撤廃［一般投票／操作しやすい／不正投票／ソロス投票機］
米軍への資金提供の制限・廃止
世界中の米軍の軍事施設閉鎖［まずドイツ］
反対するメディア／その他の報道機関の破壊（検閲）
（中略）
軍事資産を弱体化させる。
不法投票を誘発する。

黒人有権者は見捨てる。
〝国民を飢えたままにしておく〟
〝盲目にしておく〟
〝愚かなままにしておく〟

スカリア判事187の187は、「殺人」を意味するスラングで、「補正第2条を強く支持するスカリア判事を暗殺して、最高裁再構成の下地を作り、次のヒラリー政権下で銃没収派判事を入れる予定だった、という意味です（187の語源は、カリフォルニア州の刑法187条が殺人に関する条項だから）。

カバールの企《くわだ》て通り、オバマは8年の間に、政府内に悪党を居座らせ、政府・米軍の機密をリークし、軍需予算を削減し、軍上層部の指揮権を奪い、アメリカの宇宙支配権を弱体化させ、政府から善人を排除し、機密アクセス権を悪者に売り、国税庁やメディアを使って保守派を攻撃して保守層の力を弱め、不法移民を流入させ、イスラム国やＭＳ13（凶悪ギャング組織）を組織して資金を提供し、北朝鮮とイランに核兵器を製造させ、スカリア判事を殺して最高裁を再構成する下地を作りました。

オバマに続くはずだったヒラリー政権の8年で、第3次世界大戦（本物の武器を使って死者を出すが入念に演出された芝居）を起こし、（コロナや温暖化阻止を口実に）人口コントロール政策を展開して巨額のカネを着服し、アメリカ経済を破綻させて国民を飢えさせ、政府依存症にして奴隷化し、カバール派判事を最高裁に投入して憲法を変更し、銃所持権や言論の自由を奪い、反カバール派のメディアと米軍を潰し、大統領選の選挙人制度を廃止し、不法移民に選挙権を与えてカバール派の政治家の支配を達成させる予定でした。

後半8年の企画は、トランプ大統領のおかげで4年遅れ、今、まさに陰でオバマが操る偽バイデン政権（本物のバイデンは死にました）が遅れを取り戻すために必死になって展開しているところです。

本書は、メディアが拡散する偽《にせ》情報の裏に隠されたオバマの正体を曝《さら》す究極の暴露本です。真実を追及する読者の皆様に、推理小説の犯人捜しを楽しむ感覚で読んでいただければ幸いです。

この本の記述の根拠となる出典、ビデオのURLは、秀和システムのホームページ https://www.shuwasystem.co.jp/ の本書のサイトのサポート欄に掲載してあります。

装丁・泉沢光雄
帯写真・ＥＰＡ＝時事

『アメリカ衰退の元凶バラク・オバマの正体』◆目次

第1章

今明らかになるオバマの生い立ち

◆3代かけて〝造られた〟工作員

バラク・オバマは、1961年8月4日に、人類学者のアン・ダナムとケニア人のバラク・オバマの間にハワイのホノルルで生まれた、とされています。カバールの偽《にせ》情報拡散機関であるウィキペディアの記述を見てみましょう。

ケニアからの留学生、オバマとダナムは、ハワイ大学のロシア語の授業で知り合い、1961年2月に結婚した。1964年3月に両親が離婚し、その後オバマ・ジュニアは母のもとで暮らした。1965年に父はケニアへ帰国した後、政府のエコノミストとなる。父はハワイ大学からハーヴァード大学を卒業したため、将来を嘱望《しょくぼう》されていた。バラク・オバマの両親は双方共に結婚歴が複数回あるため、異父妹が1人・異母兄弟が7人いる。母のアンはオバマ・シニアとの離婚後、人類学者となった。1965年3月にアンはハワイ大学で親交を得たインドネシア人留学生で、後に地質学者となったロロ・ストロ（1987年3月に死去した）と再婚。同年9月にストロの母国であるインドネシアにて、軍事指導者のスハルトによる軍事クーデター（9月30日事件）が勃発すると、留学していたすべてのインドネシア人が国に呼び戻されたことで、一家はジャカルタに移住した。オバマ・ジュニアは6歳から10歳までジャカルタの公立のメンテン第1小学校に通った。1970年8月に母と継父の間に異父妹のマヤ・ストロが誕生。

（ウィキペディア日本語版、一部要約）

嘘の上塗りも、ここまで行くとアートですね。

元CIAアナリストのロバート・デイヴィッド・スティールは、「アン・ダナムはCIA工作員、オバマ・シニアもロロ・ストロ（ソエトロ）も海外政権転覆グラディオ（偽旗作戦）や要人のブラックメールなどの裏工作のためにCIAがリクルートした人員で、ダナムとソエトロはインドネシア初代大統領スカルノ倒しのクーデターを起こした」と、語っていました。

CIA退職後も、さまざまなルートを駆使して極秘情報を入手していたロバートは、ロシア疑惑やコロナウイルス、2020年の不正選挙の真相を正しく指摘し（拙著『ディープ・ステイトの真実』、『カバールの正体』参照）、人身売買撲滅のために尽力し続けた真実追求者でした。

2021年に〝コロナウイスに感染〟して、病院で死んだ（＝殺された）、彼のYouTubeチャンネルが消去されてしまったことは、人類にとって大きな損失です。

ロバートは、さらに、「オバマを含め、今のカバールの手下たちの多くは、CIA工作員の

2代目、3代目で、皆、生まれながらの血統書付き工作員だ」と指摘し、こう語っていました。「ロシア疑惑を広めたFBIのピーター・ストロックは、実はCIA工作員だ。彼の父親、ピーター・ストロック・シニアもCIA工作員で、イランでシャーを倒してホメイニを政権の座につけるイラン革命を先導した後、1984年にアン・ダナムと共にアフリカのオートボルタ共和国で革命を起こしてブルキナファソを設立した。アン・ダナムは19歳でオバマを産んだことになっているが、オバマは人工授精で製造され、ダナムもオバマ・シニアもオバマの実の両親ではない。オバマの誕生日も実際の出生日ではなく、8と8の因数に魔力を見いだすカバールがオバマに与えたものだ」

極秘情報満載のロバートの YouTube チャンネルが消去されてしまったのは、本当に残念なことですが、これらの事実はトランプ大統領が帰還し次第、露呈されるでしょう。

オバマ支持者たちが、アン・ダナム、彼女の父親、オバマと妹の家族写真として掲載した写真を見れば、オバマがダナムの子どもだ、というお話が究極のサイオプ（心理作戦、心理操作）であることが明らかです。オバマの胸にあてたアン・ダナムの手が黒いのは、これがフォトショップであることの証拠です。

イラン革命直後の1979年2月21日に発行されたリーダー・テレグラム紙（ウィスコンシン州の地方紙）に、〝アメリカ陸軍工兵隊員としてイランに長期滞在していたイラン専門家〟の

左からアン・ダナム、オバマ、異父妹マヤ・ストロ、祖父スタンリー・ダナム。アンの右手が黒いのは、これがフォトショップで作った写真であることの証左

ピーター・ストロック・シニアのインタビューが載っています。この記事で、ストロックは、「シャーの政権転覆はイラン国民のコンセンサスだった。革命の最中もホメイニ政権誕生後もアメリカ人は危険を感じることはなかった。ホメイニ師がイランをまとめて、安定した政権を設立してくれることを、私は望んでいる」と語っています。

自分でシャーを倒しておきながら、バカ言うな！、という感じですね。

海軍の諜報部からNSAに派遣されて、退役後にNSAのコンサルタントとなったウェイン・マドセンは、常人が知り得ない情報を入手できた数少ないジャーナリストの1人です。マドセンは、2011年の記事で、こう書いています。

アン・ダナムとロロ・ソエトロは、USAIDアメリカ合衆国国際開発庁（CIAが秘密裏にやることを堂々と行う機関）で働いていた。ダナムは1969年から1972年まで、ジャカルタのインドネシア・アメリカ友好協会（CIAのダミー組織）に勤めていたが、当時のCIAジャカルタ支局長、スチュワート・メスヴェンは、後にアンゴラで偽旗《にせはた》作戦を展開したCIAの重鎮だった（アンゴラの偽旗作戦の詳細は、『ハリウッド映画の正体』参照）。

オバマの母親とされるアン・ダナムはＣＩＡ工作員で、イラン革命を先導したピーター・ストロック・シニアと行動を共にしていた。
上の写真は、1979年2月21日付けの『リーダー・テレグラム』紙でインタビューに応えるピーター・ストロック・シニア。「シャーの政権転覆はイラン国民のコンセンサスだった」と、自分でシャーを倒しておきながら、いけしゃあしゃあと述べている。

ダナムとソエトロの任務は、〝農村開発〟、〝工業発展〟などの大義名分のもとに、CIAの意向を反映した方針をスハルト政権に採用させることだった。ダナムの〝慈善事業〟に資金を提供したのは、フォード財団で、当時の資金運営局長はピーター・ガイトナー（オバマ政権の財務長官、ティモシー・ガイトナーの父親）だった。

オバマも、コロンビア大学卒業後、CIAのダミー企業であるBICビジネス・インターナショナル・コーポレイションで働いていた。BICは、反共対策の一環として偽情報を大手メディアで拡散するための組織だった。このプロパガンダ作戦と海外からの留学生をCIA工作員としてリクルートする手法を1950年代に開発したCIA工作員、フランク・ウィズナーの息子、フランク・ウィズナー・ジュニアは、オバマ政権の偽旗工作、アラブの春でエジプトのムバラク政権を転覆させたときに特使としてエジプトに派遣された。

アン・ダナムの母親、マデリン・ダナムは、1970年代にハワイ銀行のヴァイス・プレジデントを務め、CIAがアジア諸国に資金提供をするときに使っていたエスクロー・アカウント（第三者預託口座）を管理し、麻薬密輸の資金洗浄にも関わっていた。その後、CIAの資金洗浄の拠点はBCCI国際商業信用銀行に移ったが、1988年にBCCIの不正スキャンダル発生後、民主党上院外交委員会のメンバー、ジョン・ケリー（オバマ

政権2期目の国務長官）が徹底調査をするふりをして、実は隠蔽工作を行い、後にCIAが不正の証拠を消去した。（要約）

この記事からも、オバマがディープステイトの3代目で、他のディープステイトの工作員と大昔からつながりがあったことが分かります。

ちなみに、ロバート・デイヴィッド・スティールは、「オバマはワン・ワールド導入のための最後の手続き（銃没収、DNA収集、パンデミック展開準備）を実行するために悪魔崇拝者の天体時間表に従って恐らくモロッコで人工授精で製造された。しかし、ワン・ワールドの頂点に立つことになっている反キリスト者は、オバマではなく、ウィリアム王子で、彼も、悪魔崇拝者の天体時間表に従って製造された」と言っていました。

ウィリアム王子の誕生日は1982年6月21日で、この日は夏至であると同時に日食の日でした。彼の19歳の誕生日（2001年6月21日）も夏至・日食、その19年後の38歳の誕生日（2020年6月21日）は日食、さらに19年後の57歳の誕生日（2039年6月21日）も日食、その19年後の76歳の誕生日（2058年6月21日）も日食です。

オカルト信仰にも詳しいロバートは、「悪魔崇拝者にとって、日食は重要な行事であり、19という数字は魔力のある数字なので、カバールは世界制覇をする反キリスト者（ウィリアム王子）を1982年6月21日に生まれるように仕組み、後にイスラエルの王座に据える予定でいる」と語っていました。

また、オカルト信者たちの中には、「ウィリアムの誕生日に起きたインド航空403便の墜落事故は、悪魔への生贄《いけにえ》だった」、と思っている人も少なくありません。この便に乗っていた人の数は111人、そのうち乗客は99人、クルーは12人で、死者数は17人。111、99、17も、悪魔崇拝者が重視しているパワー・ナンバーです。

さらに、ウィリアムが幼稚園に通い始めたのは1985年9月24日、最初の公式行事に出席したのは1991年3月1日、ダイアナが死んだのは1997年8月31日で、それぞれウィリアムの誕生日から3年3ヶ月3日目、8年8ヶ月8日目、5550日目でした。さらにダイアナの葬式は1997年9月6日で、ウィリアムの最初の公式行事の日から6年6ヶ月6日目でした。ロバートは、悪魔崇拝者にとって3、8も重要な数字で、666は悪魔の数字、5は死を表す数字だ、と言っていました。

◆〝バーサー・ムーヴメント〟潰しのための茶番劇

次に、オバマの出生証明書を提示したロレッタ・ファディの正体を暴露しましょう！

まず、バーサー・ムーヴメント（オバマがアメリカ生まれではない、と信じる人々のムーブメント）のおさらいから。

合衆国憲法には、アメリカ生まれのアメリカ人のみが大統領になる資格を持つ、と明示されています。アメリカ人の両親のもとで海外の米軍基地で生まれた人間も、アメリカ生まれのアメリカ人と見なされます。

2008年の大統領選で、オバマがアメリカ生まれではないと信じる人が続出したため、2008年6月13日に、オバマ陣営は「オバマがハワイで生まれ」と記した文書のコピーをネット上に掲載しました。

この文書はフォトショップによる偽書類である可能性が高かったものの、信ぴょう性を疑う人は大手メディアから〝人種差別主義者！〟と批判され、11月にオバマが当選。

その後、オバマの過激な政策に話題が移りましたが、2011年初頭のCPAC（保守派政治活動家の会合）で、ゲスト・スピーカーとして招かれたドナルド・トランプが「大統領立候補者はオリジナルの出生証明書を提示すべき」と発言し、バーサー・ムーヴメントが再燃しました。

同年4月7日、ドナルド・トランプが朝のワイド・ショーで、「オバマのケニア人のおばあさんが、ケニアでオバマが生まれたときに立ち会った、と言っていた」と発言。

4月21日、ホワイトハウスはパーキンス・コイ（ロシア疑惑を広め、2020年と2022年の民主党による不正投票を支援した法律事務所）に、オリジナルの出生証明書提示のための手続きを依頼。4月26日、ホワイトハウスにオリジナルの出生証明書のコピーが届き、27日に公開されましたが、この証明書にも不審な点が多かったため、バーサー・ムーヴメント支持者は今もなお、オバマがアメリカ生まれだとは信じていません。

しかし、2011年5月のホワイトハウス記者団晩餐会で、オバマは、会場にいたドナルド・トランプを小馬鹿にして、こう演説しました。

「私の出生証明書が提示されたので、もうこの件の騒動には終止符を打つことができました。ちなみに、私の出生を証明するビデオをご覧ください（ディズニーの『ライオンキング』、シンバ誕生のシーンがスクリーンに映し出される）。言っておきますが、フォックス・ニュース、今のは冗談ですよ。これは子ども向けのアニメのワンシーンです。（中略）ドナルド・トランプもバーサー疑惑が終わったことを、さぞや誇りに思っていることでしょう。これで彼は、やっともっと重要なことに焦点を当てられます。例えば、月面着陸はフェイクか、とか、ロズウェルで一体何が起きたのか、とか、ビギーとトゥパクはどこにいるのか、とか」（ビギーとトゥパクは黒人ギャングの抗争で死んだラッパー）

大手メディアとオバマの執拗なガスライティング（事実を妄想だと思わせる行為）には、舌を巻きますよねぇ！

バーサー・ムーヴメントの要点が分かったところで、本題に入りましょう。

再選キャンペーンでバーサー・ムーヴメントが再燃することを予期していたオバマ陣営は、出生証明書の提示に備えて、ハワイの保険官を退職させて、ロレッタ・ファディに跡を継がせました。

偽情報拡散機関《にせ》であるウィキペディアのロレッタ・ファディのページには、こう記されています。


ロレッタ・ジーン・ファディ（1948年4月12日-2013年12月11日）は、米国ハワイ州の保健官、ソーシャルワーカー。2011年から亡くなるまで、ハワイ州保健局局長とカラワオ郡長を同時に務めた。

インドネシア人のムハンマド・スブーが創設した宗教団体、スブド（すべての宗教の信者を国際的に包括すると謳《うた》っている団体）の信者で、2006年から2008年まで、スブドUSA全国委員会の会長を務めた。

ファディは40年にわたり、保健・福祉サービスに携わってきた。2001年から200

2年までハワイ州保健局の副局長を務め、２０１１年に局長に任命される前は、州保健局の家族保健サービス主任を務めていた。
２０１１年1月26日、ハワイ州保健局の局長代理に就任。オバマが提示した短い出生証明書の信ぴょう性を疑い、アメリカ生まれではないと信じる人々の疑惑を晴らすために、２０１１年、バラク・オバマ大統領のオリジナルの出生証明書の公開を承認した。
２０１３年12月11日、エンジン故障による航空機墜落事故で死亡。

（ウィキペディア英語版、要約）

ファディが死んだ後は、「死者を責めるのは見苦しいし、キリスト教の信条にそぐわない」ということで、バーサー・ムーヴメントは一気に消滅しました。

しかし、この航空機事故は、ＣＩＡが仕組んだ芝居でした。乗客が撮影したビデオを見てください！

https://www.youtube.com/watch?v=Dhithj8pAvk

これは、墜落ではなく、ちょっと不安定な着水です。
着水する寸前にエンジン故障を告げる警笛が鳴っていますが、パイロットは何も言わず、乗客も悲鳴や助けを求める声をあげずに、無言で救命用具をつけ、あわてず、焦らず、冷静に飛

ロレッタ・ファディが死んだとされる航空機事故（2013年12月11日）は、実は墜落ではなく、不安定な着水で、ファディ以外の乗客７名は無事であった。ファディ、実はアン・ダナムその人は、オバマの出生証明書の公開をもってお役御免。長かったＣＩＡ工作員としての仕事を卒業した（今もどこかで新しいアイデンティティをもらって生きているだろう）。
（https://www.youtube.com/watch?v=Dhithj8pAvk）

行機のドアから外に出て、水中に浮かび、静かに救援隊を待っています。

この後、あたかも不時着を予測していたかのように、すぐに救助隊が現れて、パイロットと乗客7名は無事で、死んだのはファディだけでした。

これは、明らかにリハーサル済みの演技です。本物の事故に伴う緊張感も危機感も、一切欠如した大根役者の芝居に過ぎません。

アン・ダナムもスブドの信者だったので、ファディとダナムは友だちだった、と言われていますが、このマッシュ・アップ・ビデオを見てください！

https://www.youtube.com/watch?v=sXcQIgJdK2k
右の眉がちょっと上がった部分も含め、2人の顔はそっくりです！

ダナムは、死んだふりをした後にファディという新しいアイデンティティをもらって工作活動を続け、オバマに隠れ蓑《みの》を与える、という大仕事を終えた後、偽《にせ》墜落事故で晴れてCIA工作員を卒業させてもらったのでしょう。

スカルノ政権は、「スブドはCIAが政権転覆のために利用した組織」と言って、スブドを批判していました。ダナムは、ブレジンスキーがタリバンを作ってソ連を攻撃し、オバマがイスラム国を作ってシリアのアサド政権転覆を謀ったのと同じように、スブドを使ってスカルノ政権崩壊のためのクーデターを起こしたのです。

オバマの母親とされるアン・ダナムは、ハワイ州保険局長代理ロレッタ・ファディその人である!

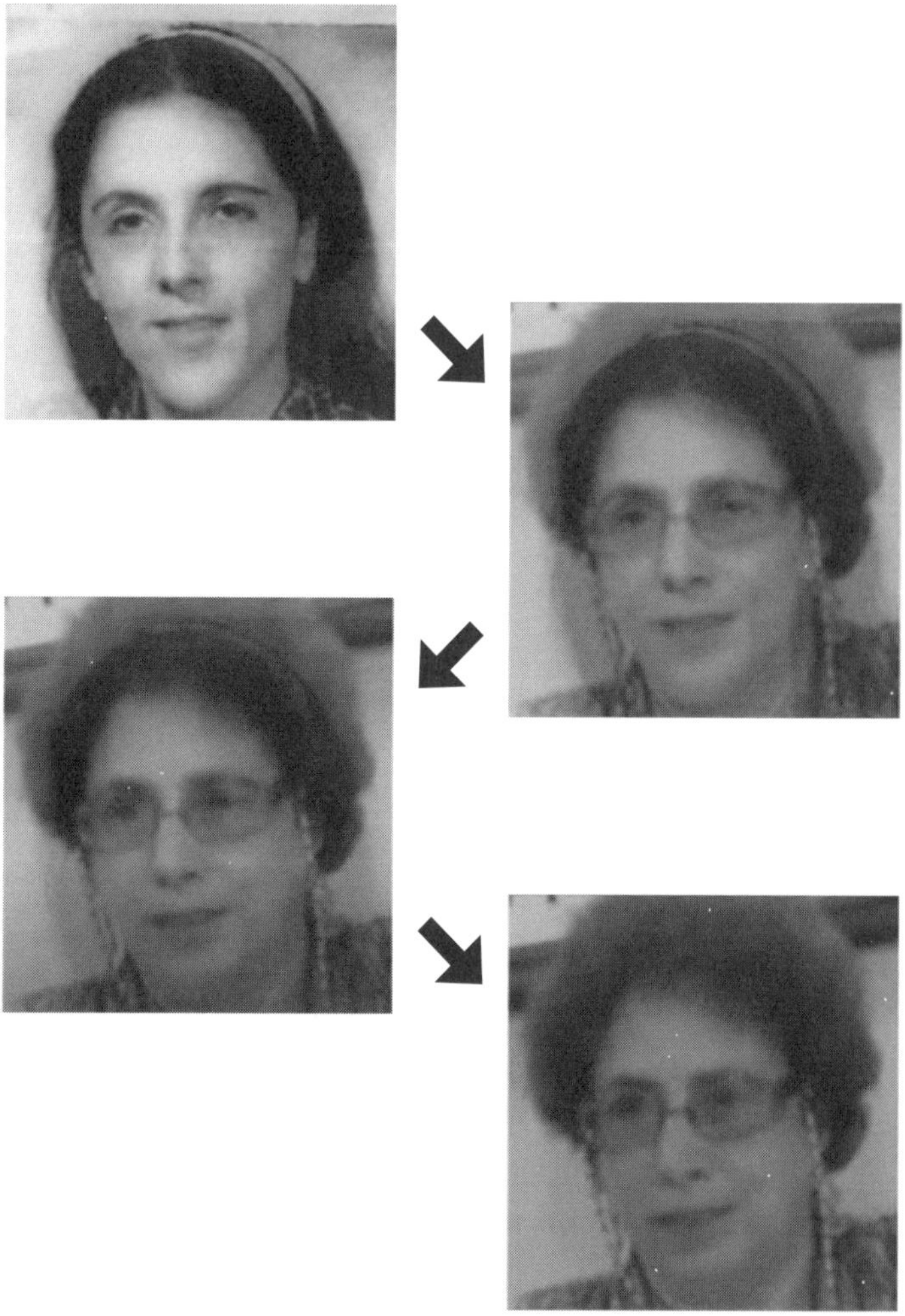

(https://www.youtube.com/watch?v=sXcQIgJdK2k)

ちなみに、スブドの創始者、ムハンマド・スブーは、バラク・オバマ・シニアよりもオバマに似ているので、保守派の多くはオバマの実父はスブーだと信じています。

◆オバマの異様な嘘つき能力

次に、オバマが通っていたハワイの高校で、バリー・ソエトロ（当時のオバマが使っていた名前）の知り合いだったミア・マリー・ポープのインタビューの要点をご紹介しましょう。

1970年代にハワイの名門高校に通っていたオバマは、バリー・ソエトロという名前で、インドネシアからの留学生を装っていた。

ゲイ・コミュニティに所属していた。

いつも人からタバコをねだっていた。

クラックコカインが出回る前の時代で、コカインを手に入れることは困難だったが、オバマは年上の白人ゲイ男性からコカインを入手して、コカインを使っていた。

彼女のコメントからも、オバマがゲイであることは明らかです。前作『カバール解体大作

オバマの本当の父親はスブドの創始者ムハンマド・スブー（1901-1987）だ。バラク・オバマ・シニア（1936-1982）とは全然似ていない

ムハンマド・スブー

バラク・オバマ・シニア

戦』にも書いたことですが、オバマ夫人は男性です。

バラク・フセイン・オバマ・ジュニアがケニアのモンバサにある病院で生まれた、と記されたオバマの出生証明書を、2017年に提示していたオバマの異母兄弟のマリク・オバマは、2023年の4月に、オバマ夫人が男であることを指摘しています。

その2ヶ月前の2023年2月には、情報公開法に基づいて開示されたミシェル・オバマの有権者登録記録で、オバマが大統領に立候補する直前までミシェル・オバマが〝男性〟として登録していたことも明らかになっています。

男性同士では子どもは生めないので、オバマ夫妻の2人の娘は養女です。彼女たちの本当の両親は、シカゴ在住のオバマの親友、ネスビット夫妻だろう、と言われています。

39ページの写真を見てください！

長女はマーティン・ネスビット、次女はアニタ・ネスビットにそっくりです！　DNA鑑定をすれば、これが陰謀論ではなくて事実であることが証明されるでしょう。

前出のミア・マリー・ポープは、「バリーは口を開けば嘘ばかりついていました」と言っていますが、家族に関しても大嘘をつき通してきたオバマの嘘つき能力は並大抵のものではありません。もちろん、ミシェル・オバマを女と思わせ、2人の娘を実子と思わせることができたのは、大手メディアのサイオプによる部分が大きいのですが、平然と嘘をつけるオバマの騙し

オバマが大統領に立候補する直前までミシェル・オバマは“男性”として登録していた。情報公開法で明らかになった

若き日のバラク・オバマと化粧と女装をしていないミシェル（本名はマイケル）

のテクニックは敵ながらあっぱれ！です。

◆オバマの若い頃の同性愛相手は口封じのために殺された

バーサー・ムーヴメントが盛んだった時期に、青年時代のオバマを知る人たちの「バリー（・ソエトロ）は男娼だったかもしれない」という複数のコメントがYouTubeにアップされていましたが、オバマが当選した後に消去されてしまいました。

ロバート・デイヴィッド・スティールは、「オバマは若い頃からブレナンにgroomed グルームされていた」と、言っていました。グルームは「教育する、訓練する」という意味ですが、コンテクストによっては「売春やセックスなどをさせるために人（特に子ども、若い女性、青年）を手なずける」という意味でもあります。

若いゲイの男性を使って要人を恐喝するのは、カバールの常套手段です。1895年に、英国のクイーンズベリー侯爵が、三男アルフレッド・ダグラス卿とオスカー・ワイルドの同性愛の関係を断ち切るために、ワイルドを訴えた裁判では、多数の貴族や要人が男娼のような人間と付き合っていたことが露呈されました。裁判の間、多くの上流階級の男性が証人喚問を避けるためにヨーロッパに逃避しましたが、その中の1人、クロード・ダンズィーは後にＭＩ５に

オバマ夫妻の２人の娘（長女マリア、次女サーシャ）は養女。本当の両親は、シカゴ在住のオバマの親友、ネスビット夫妻だと言われている。確かに似ている

マーティン&アニタ・ネスビット夫妻

マリア&サーシャ・オバマ姉妹

リクルートされ、第1次世界大戦中にトロツキーのロシア帰国を助け、１９１７年にはアメリカの軍事諜報部と協力し、１９３９年にはＭＩ６の重鎮になりました。

このような過去の例に鑑みると、ブレナンがオバマを男娼として養育した可能性も否定できません。

前出のウェイン・マドセンは、オバマの同性愛に関して、こう書いています。

「オバマはシカゴのゲイ・クラブ、ダウン・ロー・クラブのメンバーで、オバマが通っていたジェレマイア・ライト牧師の教会のゲイのメンバーたちと性的関係を持っていた。オバマが大統領に立候補したとき、口封じのために、そのうちの3人、ドナルド・ヤング、ラリー・ブランド、ネイト・スペンサーが殺された」

オバマが大統領選に出馬表明したのは２００７年2月10日。２００８年1月のアイオワ・コーカス（党員集会）が間近に迫った２００７年11月7日にラリー・ブランド、12月24日にドナルド・ヤングが撃ち殺され、12月26日にはネイト・スペンサーが急死しました。死因は、ＨＩＶ感染と肺炎、とされていますが、ネイトを知る人々はいまだに疑問を抱いています。

また、ドナルド・ヤングの母親は、「オバマがからんでいるんじゃないかしら。ドナルドとオバマは親友でした。隠蔽工作ではないか、と思います」と語っています。

クリントン夫妻の周辺の人々が謎の死を遂げることは、アメリカ人の大半が知っていますが、オバマの悪事はいまだに表に出てきません。黒人やゲイを批判すると、人種差別主義者！、同性愛差別の偏屈者！と叩かれて、社会からつまはじきにされるので、捨て身の姿勢で決死の覚悟をした人以外は、真実が言えないからです。差別是正、という大義名分を掲げて、真実が言えない社会を作り上げたカバールのサイオプに、しぶしぶ拍手を送るしかないでしょう。

オバマは秀才、ということになっていますが、コロンビア大学の成績表、ハーヴァード・ロー・スクールに入るためのロー・スクール入学試験の点数は、いまだに公表されていません。

オバマは、10歳から18歳までフランク・マーシャル・デイヴィスから共産主義思想を教授された後、ハリド・アブドゥッラー・アル・マンスール（サウジアラビアの当時の皇太子で小児性愛者《ペドファイル》のアルワリードの側近）の資金援助を受け、パーシー・サットン（マンスールの友人、マルコムXの弁護士を務めた公民権運動の英雄）に推薦状を書いてもらい、ハーヴァード・ロー・スクールに入れてもらいました。

アル・ワリードは〝ムスリム・ブラザーフッドの支援者で、オバマの側近のヴァレリー・ジャレット、ヒラリーの側近のフーマ・アベディンと共に、アメリカでムスリムの地位を向上させるために尽力していた〟とされています。

しかし、2008年のホーリー・ランド財団裁判（イスラム教過激派テロの資金援助をした財団を裁く裁判）で、ムスリム・ブラザーフッドが西洋社会（特にアメリカの大学）に侵入する真の目的が、「西洋文明を内側から排除・破壊し、その惨めな社会を彼らの手と信者の手で妨害する一種の壮大なジハード」であることが判明しました。

つまり、オバマは、アメリカを内側から崩壊させるためにカバールがアメリカに送り込んだトロイの木馬だったのです。

◆イリノイ州上院議員時代のオバマの真実

最後に、オバマにオーラルセックスをしたラリー・シンクレアーの証言をご紹介しましょう。シンクレアーは、２００８年6月18日に記者会見を開いて、オバマの正体を暴露しました。オバマがクリーンな政治家だと思っている方も、オバマが悪党だとすでに気づいた方も、目をそらさずに、最後までじっくり読んでください！

私の名前はラリー・シンクレア、かつては麻薬を使い、麻薬売買をしていました。小切手偽造、小切手による不正・窃盗の犯罪で有罪判決を受けた重罪犯です。私はまた、この国を愛するアメリカ人であり、バラク・オバマを知る人間として、黙っていることはできないので、今日、私は市民としての義務を果たし、私が知っていることを皆さんにお伝えします。そして、みなさんが調査し、検討するための素材を提供したいと思います。

（中略）

1999年11月5日、私はファイブスター・リムジンのサービスを雇い、11月5日と11月6日の2日間、このサービスを使いました。

1999年11月6日、私はリムジンの運転手、今初めて名前を明かしますが、パラミジット・ムルタニに、私と一緒に楽しみながらシカゴを案内してくれる人を知っているかどうか、尋ねました。ムルタニ氏は、私が単にシカゴの案内人を捜しているわけではないことを察知し、自分の友人にそういう人間がいる、と答えました。

1999年11月6日、ガーニーのホテルで私をピックアップした後、ムルタニ氏は自分の携帯電話を使って、当時イリノイ州の上院議員だったバラク・オバマに電話して、私とオバマ上院議員を会わせる手はずを取ってくれました。これは重要な点です。私はバーで、ムルタニ氏からオバマ上院議員に紹介されました。確かアリバイという名前のバーで、私は目を覚ますために1～2本のライン（線）が必要だと言いました。オバマ上院議員は私に「コカインのことか？」と尋ね、私が「そうだ」と答えた後、オバマ氏は私のためにコカインを購入できると述べ、自分の携帯電話から誰かに電話をかけ、オバマ上院議員がコカインの購入を手配しました。これも重要な点です。

オバマ上院議員と私は、その後、私のリムジンでバーを出て、私の知らない場所に向かいました。オバマ上院議員は、私が渡した250ドルを持ってリムジンを降り、しばらくして8分の1オンスのコカインを持って戻り、それを私に渡しました。私はコカインを数ライン摂取し、その後すぐにオバマ上院議員はズボンのポケットからガラスの円柱パイプとクラッククコカインの包みを取り出し、クラッククコカインを吸引しました。私は、オバマ上院議員がクラッククコカインを吸っている間、リムジンの中でオバマ上院議員にフェラチオをし、その後、運転手に私のホテル、イリノイ州ガーニーのコンフォートスーツまで送ってもらいました。

翌日、1999年11月7日、オバマ上院議員は私のホテルの部屋に来て、私たちは再びコカインを摂取し、私は再びオバマ上院議員にフェラチオをしました。

重要なことは、運転手がオバマ上院議員にかけた電話も、オバマ上院議員が麻薬の売人にかけた電話も、運転手とオバマ上院議員の携帯電話の請求明細に記載されているはずだ、という点です。

2007年9月、私はバラク・H・オバマ氏の大統領選挙キャンペーンに連絡しました。オバマ上院議員の「社会人になってからはドラッグを使用したことはない」という公的コメントを修正させるために、1999年11月に私と一緒にクラックコカインを使用したことを伝えたのです。私はバラク・H・オバマ上院議員の大統領選挙キャンペーンに、私の電話番号を残しました。

（中略）

2007年9月下旬から10月上旬に、私は「ヤング」と名乗る男性から電話を受けました。彼は、私がオバマ陣営にかけた電話に関して電話をかけてきたと述べました。この最初の電話は、1999年に私がオバマ上院議員に対して行ったことを、誰に話したかを探るためのものでした。この最初の電話は、私に衝撃を与えました。ヤング氏は、「1999年にオバマ氏と交わした性行為の開示を求めなかったのはなぜか？」と、私に尋ねたからです。私が選挙本部に話したのは麻薬の件のみで、性行為に関しては一切話していなかったから、ショックを受けたのです。ヤング氏は、「数日中に誰かから連絡がある」と言って、電話を切りました。

2007年10月中旬から下旬、私はこの「ヤング氏」から2度目の電話を受けました。この時、私はこの人物がオバマ上院議員の選挙運動の職員ではなく、オバマ氏と個人的な関係を持っている、とはっきりと認識しました。会話の口調が性的なものだったからです。

２００７年10月下旬、私は〝ミスター・ヤング〟と名乗る人物からテキストメッセージを受け取りました。彼はオバマ上院議員と親密な関係にあり、オバマ上院議員は、１９９９年に薬物を使用したことを公に認める方法について、彼の牧師と話し合っている、と書いてありました。また、性行為や麻薬使用に関して、私がメディアに伝えていないことを、オバマ氏が確認したがっている、とも書いてありました。

２００７年11月中旬から下旬、〝ミスター・ヤング〟からまたテキストメッセージが来ました。オバマ上院議員は、最後に麻薬を使用した時期に関するコメントを公に訂正することになったので、私がそれを公にする必要はない、と書かれていました。

ヤング氏との最後の接触は、２００７年12月初旬で、オバマ上院議員は１９９９年にクラックコカインを使用したことを公にするつもりはない、と告げられました。

後に、ドナルド・ヤングが、ライト牧師のトリニティ教会（オバマの出身教会）の聖歌隊長であり、同性愛であることを公表している人物だと知りました。さらに、２００７年12月23日に殺害されたことも知りました。

私はこの件に関して、シカゴ警察に協力し、私が事件発生時に使用していた電話番号をすべて提供しました。これらの電話番号とヤング氏を結びつけることができる人がいるかもしれないと思うので、今公開します。954-758-1105; 956-758-1885; 956-758-8002; 302-685-

7175; 612-466-1043 です。

２００８年1月、判断が甘かった私は、先ほど説明した１９９９年のオバマ上院議員との体験談を YouTube に投稿しました。その反響は大きく、私の人格に対する組織的な攻撃が展開され、インターネット上のデマがどんどん拡散していきました。

この状況に対処するために、私は Whitehouse.com の嘘発見器のテストを受けることに同意しました。彼らは、私を嘘つきと断定するために、部分的な結果のみを公表し、私は嘘つきと決めつけられました。

その後、Whitehouse.com が今年の初めまで反クリントンのポルノのサイトであったことが分かりました。

また、嘘発見器は疑似科学であり、法廷では嘘発見器の使用は許可されていません。

第三に、嘘発見器反対派のジョージ・マシュキー博士は、検査の正当性に重大な疑問を投げかけています。さらに、Whitehouse.com の試験官であるゴードン・バーランド博士は、オバマ上院議員に関する薬物の質問に関して私が嘘をついている可能性は1パーセント未満であると判断しています。これはほとんど誰もが見落としていますが、合格に値する高得点と言えるでしょう。

２００８年2月、Whitehouse.com のダン・パリスィが、ＡＫＰメディア&メッセージを通じてオバマ陣営から75万ドルの資金を受け取り、私の信ぴょう性を公的に失墜させるための中傷活動を組織していることを知りました。私がこの疑惑をダン・パリスィにぶつけると、彼は否定するどころか、私が嘘をついていないと証明するゴードン・バーランド博士の報告書の掲載を撤回しました。さらに、彼とホワイトハウス・ドット・コムが掲載を約束した、私の嘘発見器テストのビデオを掲載せず、「シンクレアの支持者とシンクレア自身による攻撃に辟易した」と主張して、ウェブサイトから記事を完全に削除してしまいました。

嘘発見器の結果は、誤って伝えられたものですが、すぐにブロガーたちに拡散し、私は悪質な誹謗中傷を浴びせられました。私は、流布している私に関する嘘を止めるために、訴訟を起こすことを余儀なくされました。オバマ陣営と匿名《とくめい》のブロガーの関係をつきとめ、私の主張の真偽を証明する携帯電話会社の記録提示を求め、私の発言の証拠を得るための訴訟です。現在、この訴訟は90日以上経過していますが、ケネディ判事は、この証拠を得るために訴訟を進めることを拒否しています。

私は率直に体験談を語りました。後は皆さん次第です。メッセンジャーを撃てば、メッセージを聞かずに済む、ということで片付けていいのでしょうか？

リムジンの運転手であるパラミジット・ムルタニや、ドナルド・ヤングやオバマ上院議員に関連する電話番号を探し出し、私の話の裏付けとなる証拠を見つけるべきではないでしょうか？

最後に、次期大統領を目指すオバマ上院議員に尋ねたものの、返答を拒否された質問をもう一度繰り返しておきます。

1．オバマ上院議員は、私たちが会った１９９９年11月３日から１９９９年11月８日までの期間に使っていた携帯電話番号と、彼が持っているすべての個人および公式携帯電話の通信記録をなぜ提供しないのですか？

2．オバマ上院議員は、ドナルド・ヤング殺人に関わる２００７年９月～２００８年12月23日の間に、オバマ上院議員が保有していた個人用および公式用のすべての携帯電話の番号と通信記録を、なぜ提供しないのですか？

3．オバマ上院議員は、２００８年１月18日から２月29日までの間、ＡＫＰメディア＆メッセージとオバマ上院議員、デイヴィッド・アクセルロッド、デイヴィッド・プルフの間で交わされた個人的および選挙運動に関するすべての電子メール通信を、なぜ提供しないのですか？

4．オバマ上院議員は、２００８年１月18日から２００８年２月29日までの間にＡＫＰメディア＆メッセージ、オバマ・フォー・アメリカ、デイヴィッド・アクセルロッド、デイヴィッド・プルフ、オバマ上院議員の口座から支払われたすべての支払い明細書を、なぜ提供しないのですか？

第2章

オバマの政界侵入を援助したカバールの手下たち

◆ディープステイトに育てられたオバマ

コロンビア大学でも、裏口入学したハーヴァード・ロー・スクールでも、何の功績も残さなかったオバマが、政界入りした過程は奇跡としか言いようがありません。

このようなオバマの異常な成功譚《たん》に不信を抱いているのは、ウェイン・マドセンばかりではありません。ゴーカー（ファイナンシャル・タイムズ紙のニック・デントンが立ち上げた情報サイト）でディープステイトの暴露記事を書いていたマーク・ゴートンも、オバマの存在そのものに疑問を抱いていました。

イェール大学、スタンフォード大学を経て、ハーヴァードでＭＢＡ取得後、ロッキード・マーティン、クレディ・スイスの重役を歴任したマーク・ゴートンは、文字通りディープステイトのインサイダーです。以下、オバマの素性、及びディープステイトの悪事を徹底的に調べ上げたゴートンが書いた『ディープステイトの50年』の中から、オバマの不審なサクセス・ストーリーに関する記述をまとめてみました。（　）内は、私の注釈です。

バラク・オバマは、カリスマ的なコミュニティ・オーガナイザーであり、その天賦《てんぷ》の才能によって政治的な地位を確立したというのは、作り話だ。もっと深く見てみると、オバマは大学在学中からパワーエリートのメンバーによって育てられていたことが分かる。私の読みでは、オバマはオクシデンタル大学在学中にＣＩＡのスパイとなり、彼の家族は、バラクが生まれる前からＣＩＡの作戦の軌道上にいたのだ。

オバマは大学３年の時にオクシデンタル大学からコロンビア大学に編入した。コロンビア大学での生活は、謎に包まれている。ウェイン・アリン・ルートは、オバマと同じくコロンビア大学で政治学を専攻し、１９８３年に卒業した。２００８年、ルートはオバマについて、こう語っている。「コロンビア大学で彼を知っている人は１人もいません。みんな私のことは知っていますが、コロンビア大学の同級生は、誰も彼のことを覚えていないのです。これは誇張でも冗談でもありません。コロンビア大学のヘンリー・グラフ教授も、「私は彼がコロンビアの学生だったとは思いません。彼がコロンビアのキャンパスで何をしたのか、まったく知らないし、誰も彼のことを知りません」と言っている。通例、大統領候補の大学時代の記録が一般に公開されるが、バラク・オバマはただ１人、自分の大学時代の記録を封印している。１９８１年６月、ほとんどお金を持たずにニューヨークに引っ越してきた直後のオバマは、１９８１年にパキスタンが国務省の「渡航禁止リスト」に載っていた時期に、インドネシアとパキスタンに渡航することができた。パキスタンでは、２００８年にパキスタン大統領代行となるムハマド・スムロとウズラ狩りに出かけた。

オバマはコロンビア大学で、米ソ間の軍縮交渉について論文を書いた。米ソ関係は、コロンビア大学の教員であり、三極委員会の創設者であり、オバマの政策顧問であるズビグニュー・ブレジンスキーの専門分野であった。大学卒業後すぐに、オバマはニューヨークのビジネス・インターナショナル・コーポレーションＢＩＣに就職した。この会社はＣＩＡの隠れ蓑として、世界各地でさまざまな作戦を展開していた。ＢＩＣで2年間働いた後、オバマはシカゴに移り、コミュニティ・オーガナイザーとしての仕事を始めた。

オバマを取り巻く富裕層や有力者の1人、ハリド・アル・マンスールは、「世界で最も裕福な人物の1人」であるサウジアラビアの王子アルワリード・ビン・タラルの主要アドヴァイザーだった。１９８７年、アル・マンスールは著名な黒人指導者で元マンハッタン区長のパーシー・サットンに、ハーヴァード・ロースクールの友人たちに推薦状を書いてくれるよう依頼し、オバマはハーヴァード・ロースクールに入学した。

バラク・オバマは、ハーヴァード・ロースクールでは、『ローレビュー』誌の会長という名誉ある役職に抜擢された。ロースクール終了後、オバマはシカゴに戻り、シカゴ大学ロースクールで講師の仕事に就いた。オバマはシカゴ大学ロースクールの教職に応募して断られたが、数週間後、評議員会がロースクールに電話をかけ、オバマを教員にするように言ったからだった。オバマはその後、シカゴ大学での役職を将来のキャリアのためのプラットフォームとして利用した。オバマは、名門大学に入った、ということ以外は人生で何一つ成し遂げていないにもかかわらず、この教授職を利用して、回顧録『ドリームズ・オヴ・マイ・ファーザー（私の父の夢）』を執筆した。シカゴ大学は、全米のロースクールの中で教授1人当たりの論文発表数が最も多いことを誇っているが、オバマは12年間の在職中、何一つ執筆していない。シカゴでは、ペニー・プリツカーのような有力な友人や、シカゴのエリートとのネットワークを築き、1997年にイリノイ州議会上院議員に就任し、2004年まで議員を務めた（ペニー・プリツカーは、オバマ政権時代の商務長官。ウクライナのキエフ出身のヤコブ・プリツカーの子孫の1人。プリツカー一族はハイアット・ホテルを創業した、アメリカでトップ10に入る大富豪一家。ペニーの弟、J・B・プリツカーはイリノイ州知事、従兄弟のリンダ・プリツカーはチベット教のラマでダライ・ラマの友人、別の従兄弟、ジェニファーはトランスジェンダーの女性でアメリカの学校や米軍にトランスジェンダー教育を推奨している）。

2004年の合衆国上院議員選挙に出馬した際、オバマはシカゴ・トリビューン紙の積極的な報道を受け、まず第1次選挙の対立候補ブレア・ハル、そして共和党の候補者ジャック・ライアンをターゲットにした。このとき、ライアンの元妻ジェリ・ライアンとの離婚記録は通例通り封印されていた。しかし、ロサンゼルスの判事がシカゴ・トリビューンの要求を認めて、ライアンの離婚記録を公開した。これは極めて異例な判例だった。この記録には、ジャックがスウィンガーズ・クラブでジェリに公衆の面前でセックスをするよう勧めた、というジェリの主張が含まれていた。このせいでライアンは苦戦を強いられ、選挙戦から退き、オバマは不戦勝で上院議員になった。

まだ上院議員候補に過ぎなかったオバマは、2004年の民主党全国大会の演説者に抜擢された。この演説をきっかけに、オバマは一躍アメリカ全土で知られる存在となった。2008年の大統領選挙の頃には、オバマはパワーエリートのお気に入りの民主党候補になっていた。統一されたイメージとメッセージを一貫して伝えた大規模な宣伝キャンペーンと、大手メディアの均一的なオバマ支援報道は、諜報機関による情報操作の証拠と言えよう。オバマは11月、希望と変革という言葉を掲げて勝利した。

ライアン候補の人格殺害キャンペーンは、汚職がはびこるイリノイ州民主党のサークルでも眉をひそめる人が多く、シカゴのゲイ・シーンで暗躍していたオバマの素性を知る人々が真実を伝えるブログを掲載していましたが、大手メディアからは完全に無視され、ブログは次々と消去されました。

◆嫌米主義者オバマを助ける左翼テロリスト

次に、オバマ夫妻の親友、ジェレマイア・ライト牧師の実態を見てみましょう。シカゴ大学出身のライト牧師は、オバマ夫妻が通っていたシカゴのトリニティ統一キリスト教会（トリニティ・ユナイティド・チャーチ・オヴ・クライスト）の牧師で、オバマの黒人票獲得を援助したシカゴの要人の1人です。

シカゴのアンダーグラウンド・ゲイ・シーンを徹底調査したウェイン・マドセンは、2010年5月14日のリポートで、こう報告しています。

シカゴのゲイ・コミュニティの情報筋や同市の政治通の情報によると、オバマとラーム・エマニュエル（オバマの大統領首席補佐官）は、シカゴのアップタウンにある同じゲイ・バスハウス（風呂屋）の生涯会員である、ということだ。さらに、彼らは、オバマが20年間通っていたトリニティ統一キリスト教会の牧師であるジェレマイア・ライトは、弁護士やビジネスマンなど教会の同性愛者の既婚黒人専門家メンバー、特に子どものいるメンバーのために、遊び相手を紹介する斡旋《あっせん》業を行っていた、と言っている。

この斡旋業は Down Low Club（ダウン・ロウ＝下に行く＝フェラチオを意味する隠語）と呼ばれていたが、電話や電子メールでは単に「ＤＬＣ」と呼ばれていた。情報筋によれば、この策略は、通信を盗聴していた人々に、同じくＤＬＣとして知られている Democratic Leadership Council 民主党リーダーシップ評議会のことだ、と思わせるための策略だろう、と説明している。

トリニティ統一キリスト教会の聖歌隊長で、オバマと性的関係を持ったとされるドナルド・ヤング、ヤングと同時期に謎の死を遂げたラリー・ブランド、ネイト・スペンサーも、ダウン・ロウ・クラブのメンバーだった。

２００８年の選挙キャンペーン中、ライト牧師がアメリカを非難する説教をしている映像が流れた後、オバマ陣営は「オバマ夫妻はライト牧師とは〝面識がある〟という程度で、親しい関係ではない」と主張し、大手メディアはこれを事実として報道した。

3年後、ライト牧師がジャーナリストのエドワード・クラインのインタビューで、「オバマの親友のエリック・ウィテカーから、〝15万ドル払うから、何も言わないでくれ〟というメールが来た。オバマは、私が彼の昇進を阻む存在だと思っていた」と言っているオーディオ・テープが発表された。

オバマの政界侵入を助けたのは、元左翼テロリストのビル・エアーズでした。エアーズは自宅のリビングルームでオバマのためにパーティを開き、シカゴの要人たちにオバマを紹介しました。このパーティの模様を描いた左派活動家、マリア・ウォーレンのブログは2008年の大統領選キャンペーン中に消去され、その後、ウェイバック・マシーンからも消去されています。

エアーズとオバマが親しかった、と語る人々の記事も、相次いで跡形もなく消去されてしまい、大手メディアは一貫して「オバマとエアーズは何度か会ったことがある、という程度で、決して親しい仲ではなかった」と伝えています。

オバマが「隣人の1人に過ぎない！」と言い張るビル・エアーズの実態を、おさらいしておきましょう。

ビル・エアーズは、反政府テロ組織、ウェザー・アンダーグラウンドの創設者で、妻のバーナデット・ドーンも同志の左翼テロリストでした。ウェザー・アンダーグラウンドは、〝ベトナム戦争反対〟のスローガンのもとに、主に1970年代に複数の死者を出す爆弾テロを繰り返していました。

エアーズは、テロ活動引退後は、イリノイ大学で教育学を教える教授になり、1997年にはシカゴのシティズン・オヴ・ザ・イヤー（毎年、最も偉大な活躍をしたシカゴ市民に贈られる賞）を授与され、シカゴの政界、財界、教育界から名士として称えられています。

エアーズ夫妻は、２００８年にオバマが大統領選に出馬したとき、こうしたコネを最大限に利用して、自宅のリビングルームでパーティを開き、シカゴの要人たちにオバマを紹介したのです。

オバマのキャンペーン中に、ウェザー・アンダーグラウンドの悪事が蒸し返されたときに、インタビューを受けたエアーズは、「我々は爆弾を仕掛けたり放火を行ったが、あれはテロ行為ではなかった。人々を傷つけようとしたことはなく、ありがたいことに誰にも傷を負わせなかった」と言っていました。これは、大嘘です。１９８１年にウェザー・アンダーグラウンドのメンバーがニューヨークで現金輸送車を襲撃して１６００万ドルを盗んだ反政府テロで、エアーズの友人で主犯のデイヴィッド・ギルバートが警備員１人と警官２人を殺しています。ギルバートと、逃走のための車を運転していたギルバートの愛人、キャシー・ブディンは、後に逮捕され、ニューヨーク州の刑務所に投獄されましたが、リベラルな仮釈放委員会のおかげで、ブディンは２００３年に釈放されました。ギルバートも、75年の刑期を全うすることなく、２０２１年10月に、ニューヨーク州知事のクオモが刑期を短縮し、同年11月に釈放されました。

現金輸送車襲撃テロの前の年にギルバートとブディンの間に生まれたチェサ・ブディンは、両親が投獄された後、元祖テロリストのエアーズ夫妻に育てられ、イェール・ロー・スクールを卒業。2019年には、ソロスの巨額の資金援助を得て、サン・フランシスコの検事になり、万引きやペドフィリアを筆頭にあらゆる犯罪を容認する政策を採り、サン・フランシスコを生き地獄と化す方針を推し進めたため、2022年に住民投票でリコールされましたが、2023年にカリフォルニア大学バークレー校のロースクールのディレクターに就任しました。

英語圏には、A man is known by the company he keeps.「付き合っている仲間を見れば人柄を判断できる」という諺がありますが、反米発言が話題になったライト牧師やチェサ・ブディンを含めたエアーズ一家とのつながりからも、オバマが嫌米主義者であることは明らかです。それにしても、テロ思想を持つ人々を優遇するアメリカの学界は腐りきっていて、改善の余地はないですね。

ちなみに、エアーズは、オバマの『ドリームズ・オヴ・マイ・ファーザー』を書いた、と2度もコメントしています。この本とエアーズの文章の書き方、語調に類似点が多いので、おそらくこれも真実でしょう。

◆シティグループとの癒着

さて、オバマは、マイノリティの人権拡大と環境保護を謳って左派のヒーローになりましたが、実際にはイリノイ州上院議員時代（1997～2004年）も合衆国上院議員時代（2004～2008年）も、何一つ業績を残していません。オバマにとっては、どちらの地位も、大統領の座を手に入れるための踏み台に過ぎなかったからです。

というか、**オバマは、カバールのワン・ワールド作戦最終段階遂行人としてアメリカに送り込まれた人物**なので、彼の役割はクリーンな政治家を演じることでした。ですから、オバマは、スピーチライターが書いてくれた聞こえのいい演説を読み上げて、政治のしがらみを超越したインテリのふりをして、イリノイ州上院議員、合衆国上院議員の役柄を演じ、履歴書に箔をつけるだけでよかったのです。なぜなら、電子投票機導入以降のアメリカでは、あらゆる選挙の不正操作が楽にできるようになったので、2008年の大統領選でも、オバマの勝利が最初から約束されていたからです。

『フェイク・ニューズメディアの真っ赤な嘘』で詳しく書いたことですが、2000年の大統領選でフロリダ州の結果がもつれたのは、電子投票機導入を正当化するためにカバールが仕組んだ策略でした。この驚くべき事実を教えてくれた元海軍兵の内部告発者は、シドニー・パウエルが2020年の大統領選の不正を証明するために起こした裁判に宣誓供述書を提供し、「2002年に電子投票機が導入された後の選挙は、すべて八百長で、マケインもロムニーもオバマが勝つことを承知の上で、芝居をしていた」と語っています。

2016年に民主党本部のコンピュータのデータをウィキリークスがリークした事件は、「ロシアがハッキングした」ということになっていますが、実際は民主党本部に勤務していたセス・リッチが、真実を流布するためにデータをウィキリークスに渡しました（詳細は、『ディープ・ステイトの真実』、『カバールの正体』参照）。

このデータ流出事件では、当時、民主党の大統領候補だったヒラリーに関連するメールが大きな話題になりましたが、実際は、最大の被害者はオバマでした。ウィキリークスのおかげで、オバマも個人のEメール・アカウントを使っていることや、オバマがペドファイル（小児性愛者）であることなどがバレてしまったのです。だからこそ、オバマが大統領の権限を最大に行使して、ハッキングをロシアの仕業と見せかけて、ロシア疑惑をでっち上げたのです。

紙面の都合もありますので、この章では、オバマとシティグループの談合を証明するメールを1つだけご紹介しておきましょう。

2008年10月6日（大統領選挙日の約1ヶ月前）に、当時シティグループの重役だったマイケル・フォーマンがジョン・ポデスタ（クリントン政権2期目の大統領首席補佐官、オバマ政権の大統領顧問）に送った〝リスト〟という題名のメールには、こう記されていました。

ジョン、

From:fromanm@citi.com
To: john.podesta@gmail.com
Date: 2008-10-06 11:34
Subject: Lists

John --

Attached are three documents:

-- A list of African American, Latino and Asian American candidates, broken down by Cabinet/Deputy and Under/Assistant/Deputy Assistant level, plus a list of Native American, Arab/Muslim American and Disabled American candidates. We have much longer lists for most of the groups, and the lists will continue to grow as we reach out further and more openly, but these are the names to date that seem to be coming up as recommended by various sources for senior level jobs. (I have tried to include member of Barack's campaign and Senate policy staff, as well as participants in the Transition project, as appropriate.)

-- While you did not ask for this, I prepared and attached a similar document on women.

-- At the risk of being presumptuous, I also scoped out how the Cabinet-level appointments might be put together, probability-weighting the likelihood of appointing a diverse candidate for each position (given one view of the short list) and coming up with a straw man distribution. (Obviously, multiple permutations of this are possible. This was just one example to show how it might pan out.)

Let me know when you'd like to discuss. I am around this morning until about 11:30.

-- Mike
212-793-1987

シティ・グループ重役マイケル・フォーマンがジョン・ポデスタに送ったメール（右）に添付された女性リスト（一部）

Women – Cabinet and Deputy

Linda Adams	EPA
Aida Alvarez	Labor (D)
Melody Barnes	DPC
Kathleen Brown	Transportation
Carol Browner	Interior, State (U)
Deb Callahan	EPA
Hillary Clinton	State, HHS
Mary Sue Coleman	HHS
Susan Collins	CEA
Dierdre Connelly	Commerce
Maria Contreras-Sweet	SBA, Transportation, Commerce (D)
Linda Darling Hammond	Education (D)
Nancy Ann DeParle	HHS (D)
Tammy Duckworth	VA
Maria Echaveste	Labor (D)
Diana Farrell	Performance, NEC (D)
Shirley Franklin	Education
Ann Fudge	Commerce
Helene Gayle	HHS, State (U)
Jennifer Granholm	Justice
Christine Gregoire	EPA
Ana Guzman	Education (D)
Jane Harman	DNI, CIA, DHS
Skila Harris	Energy
Shirley Ann Jackson	Energy
Valerie Jarrett	DPC, Urban Policy, HUD
Elena Kagen	WH Counsel, Justice
Lydia Kennard	Transportation (D)
Jeanne Lambrew	HHS (D)
Ginger Lew	SBA
Katie McGinty	EPA
Ann Mulcahey	Commerce
Janet Murguia	WH COS (D)
Janet Napolitano	DHS, Justice, Education
Mary Nichols	EPA
Indra Nooyi	Commerce
Maria Otera	Ex-Im Bank, Peace Corps
Penny Pritzker	Commerce
Lois Quam	HHS (D)
Edith Ramirez	EPA
Michelle Rhee	Education (D)
Susan Rice	USUN, NSC (D)
Kathleen Sebelius	Labor, HHS
Ruth Simmons	Education
Nancy Sutley	EPA (D)
Beverly Tatum	Education
Laura Tyson	USTR, Commerce
Alice Young	USTR (D)

3つの書類を添付します：

——アフリカ系アメリカ人、ラテン系アメリカ人、アジア系アメリカ人の候補者を、内閣・副長官と次官／補佐官／副補佐官レベルごとに分類したリストです。

さらに、ネイティブ・アメリカン、アラブ／イスラム系アメリカ人、身体障碍者の候補者リストも送ります。

ほとんどのグループについては、さらに長いリストを用意してあります。

このリストは、より多くの人に公に接するようになるにつれて、さらに増えていくはずです。しかし、これらは、現時点で上級職の候補者としてさまざまな情報源から推薦されているような名前です（バラクの選挙運動や上院の政策スタッフのメンバーや、新政権移行プロジェクトのメンバーも入れるようにしました）。

——あなたに要求されたわけではありませんが、私は女性に関する同様の資料も作成し、添付しました。

——僭越ながら、（トップ候補のリストを見た上で）各ポジションに多様な候補者を起用する可能性を確率的に加味して、内閣レベルの人事がどのように組まれるかを詳しく調査し、仮の構成を提示してみました（もちろん、これには複数の配列が可能です。これは、どのような結果になるかを示すための一例に過ぎません）。

いつ話ができるか教えてください。今朝は11時半ごろまでいます。

――マイク
212-793-1987

選挙結果が出る1ヶ月も前にフォーマンがポデスタに送った内閣と要職の候補者リストは、大銀行（＝カバールの財政局）が来るべきオバマ政権をカバールの都合に合わせて動かすために役立つ人物の名前が掲載されていました。そして、オバマが当選した後、フォーマンが提示したリストに添った人事で、国務長官にヒラリー・クリントン、司法長官にエリック・ホルダー、国土安全保障長官にジャネット・ナポリターノ、国防長官にロバート・ゲイツ、首席補佐官にラーム・エマニュエル、行政管理予算局局長にピーター・オーザグ、教育長官アーン・ダンカン、退役軍人長官にエリック・シンセキ、保険福祉長官にキャスリーン・セベリウス、国内政策審議会にメロディ・バーンズ（黒人女性）が就任しました。

財務長官には、フォーマンが挙げた3人の候補、ロバート・ルービン、ラリー・サマーズ、ティモシー・ガイトナーの中からガイトナーが選ばれ、サマーズ（クリントン時代の財務長官で、その後2006年までハーヴァード大学学長）は国家経済会議委員長に就任しました。

シティグループの重役とオバマ陣営が、マイク、ジョン、バラク、とファースト・ネームで呼び合う親しい仲だ、という点にも注意してください！　カバールとオバマ政権の癒着を雄弁に物語っています。

ちなみに、ピザゲイトでペドファイルであることが明らかになったポデスタは、バイデン政権の大統領上級顧問を務めています。悪人のリサイクルは、カバールのお家芸ですね。

◆オバマ応援団たちの素顔

2008年の大統領選で〝オバマの最強の応援団長〟と言われたのは、当時アメリカで最も人気のある主婦向けトーク・ショウの黒人女性司会者、オプラ・ウィンフリーでした。

それまで、どの選挙でも中立を保っていたオプラが、2008年の大統領選では早いうちからオバマ支持を表明し、番組と自分の知名度を最大限に使ってオバマをプロモートしました。おかげで、オプラの視聴者である2000万人以上の人々（中産階級の白人女性を含むあらゆる人種の主婦、女性たち）が、一気にオバマ支持者になったのです。

ミシシッピーの貧しいシングル・マザーのもとで育ったオプラ・ウィンフリーは、少女時代に性的虐待を受け、14歳で妊娠し、早産で生まれた子どもは早死にしました。その後、19歳でテネシーのローカル局で夜のニュース番組にアシスタントとして出演し、シカゴのローカル局のトーク・ショウ司会者となり、オプラ・ウィンフリー・ショウは1990年代半ばに一気にアメリカ全土で放送される人気主婦向け番組になりました。

大スターになれるのは、カバールのお墨付きを得た人のみ（CIAやFBIに恐喝の素材を掴まれている人間のみ）です。

オプラはハーヴィー・ワインスタイン（女優をレイプしたハリウッドの大物プロデューサー）と親友でした。また、600人以上の女性や少女をレイプして子どもの人身売買をしていた罪で起訴されたジョン・オヴ・ゴッドを〝スピリチュアル・リーダー〟として絶賛していました。ジョン・オヴ・ゴッドは、2013年7月に、レイプや人身売買の罪で99年の禁固刑を言い渡され、この裁判で、レイプされた少女たちは10年間子どもを生み続けた後に殺されていたことも明らかになっています。こんな連中とお友だちだなんて、オプラは間違いなくカバールの手下です。

オプラが〝アフリカの少女たちに教育を施すために〟建設した南アの女子校は、学校経営者が生徒にわいせつ行為をしたり、寮の管理人が児童虐待とわいせつ行為要求で逮捕されたり、生徒のかばんの中から新生児の死体が発見される、などのスキャンダルが相次いでいます。オプラがカバールの手下であること、さらに、南アが人身売買の拠点であることを鑑みると、オプラの学校が売買用の子どものリクルート機関として使われていた可能性も否めません。

大スターになれるのは、カバールのお墨付きを得た人間のみ
(CIAやFBIに恐喝の素材を捕まれている人間のみ)

オプラ・ウィンフリー

エレン・ディジェネレス
この日のお客はミシェル・オバマ

エレンのトーク・ショウのセットは、エプスタイン島にある寺院にそっくり！

Hey Ellen... why does your set
look like Epstein island?

オプラの視聴者よりも少し若い世代の主婦や女性に人気があるエレン・ディジェネレスのトーク・ショウ（視聴者数は4～500万人）も、盛んにオバマ夫妻をプロモートしました。特にオバマ夫人の知性やファッションを絶賛して、ごつい顔で筋骨たくましいオバマ夫人を〝究極のファッションの女王〟に仕立て上げました（想像を絶するサイオプです‼）。

ハリウッドで最初にレスビアンであることを公にした勇気ある女性としても有名なエレンのショウのセットは、ジェフリー・エプスタインの島にある寺院にそっくりです。

オバマのオフィシャル・ポートレイトの製作者、ケヒンド・ワイリー（黒人男性）は、サンフランシスコ・アート・インスティテュートとイェール大学を卒業した天才芸術家、と言われています。

74、75ページのワイリーの作品をご覧になってください！

勝ち誇った表情の黒人女性が、切断された白人女性のクビ（頭部）をぶらさげている絵画は、常人の感覚では〝不気味〟としか思えません。しかし、オバマ支持者は、口を揃えて「白人による圧迫、差別を乗り越えて自由を勝ち取った黒人のプライドの象徴。こうしたアートをクリエイトできる黒人のスピリチュアル・リーダーだからこそ、ワイリーがオバマのポートレイト製作者として抜擢された」などと、ワイリーを褒めそやしています。

また、馬に乗ってアルプスを越えるナポレオンの姿を描いた名画を、ナポレオンを黒人に置き換えて描いたワイリーの作品も、「白人のパワーと特権を暗に伝えるオリジナルの絵画の主人公を、名もない黒人に置き換えることで、白人優越主義を打ち砕いた黒人のポジティヴなパワーを象徴する作品」と絶賛されています。

美的センスは人それぞれなので、この種のアートが好みの方もいらっしゃるのでしょう。しかし、白人に対して相当な恨みを抱いているとしか思えない作品を連発している人物にオフィシャル・ポートレイトを描かせた、ということも、オバマが人種間のいがみ合いを助長したがっている証拠と言えるでしょう。

◆ピザゲイト事件の本当の主役はオバマ

オバマの支持者、付き合っている仲間、取り巻きの人間を見れば、オバマの本性がくっきりと浮き彫りになりますが、オバマの真の姿を知るには、ピザゲイトの実態を知る必要があります。ピザゲイトに関しては、私の他の本でかなり詳しく説明いたしましたが、私の本を初めて読む方のために、ここでもう一度おさらいしておきましょう。

の制作者ケヒンド・ワイリーの作品

オバマのオフィシャル・ポートレイト

偽情報拡散機関であるウィキペディアの日本語版は、ピザゲイトをこう説明しています。

ピザゲートは、2016年アメリカ合衆国大統領選挙の期間中に広まった、民主党のヒラリー・クリントン候補陣営の関係者が人身売買や児童性的虐待に関与しているという陰謀論である。この疑惑は、コロンビア特別区首都警察（MPDC、ワシントンDC警察）など多数の機関によって虚偽であると証明されている。

2016年秋、ヒラリー・クリントン候補陣営の選挙責任者であったジョン・ポデスタの私的なメールアカウントがフィッシングの被害に遭いハッキングされ、メールがウィキリークスに公開された。このメールに、アメリカ国内の複数のレストランや民主党の上級関係者が、ワシントンD.C.にあるコメット・ピンポンというピザ店を拠点とした人身売買や児童買春に関わっていることを示唆した内容が含まれている、という主張が喧伝《けんでん》された。

（ウィキペディア日本語版）

ピザゲイトは真実です。

左派コメンテイターたちは、「cheese pizza チーズ・ピザが child porn チャイルド・ポルノを意味する隠語だ（頭文字が同じだから）、というのは、Qアノンのでっちあげだ」と主張しています。しかし、クレイグズリストなどの情報サイトで、この隠語を使ってチャイルド・ポルノを取引したペドファイルたちが逮捕された事例が、大手メディアでいくつも報告されています。7歳と9歳の子どもをレイプしようとした罪で逮捕されたジャーナリスト、ピーター・ブライトは、自分のことをドクター・ピザと呼んでいました。

また、2009年に、ポデスタとフーマ・アベディンにピザを褒めるメールを送ったアーサー・ザック・シュワーツ（民主党の弁護士）の息子、ジェイコブ・シュワーツ（ニューヨーク市長、デ・ブラジオの側近だった）は、2019年にチャイルド・ポルノ所持で有罪になっています。

2023年6月には、マサチューセッツ大学アムハースト校のリサーチで、インスタグラムが絵文字をコードとしてペドフィリアを普及していることが分かりました。このリサーチも、「チーズ・ピザの絵文字は〝チャイルド・ポルノ〟、地図 map の絵文字は minor-attracted person〝未成年に惹かれる人〟のことだ」と断言しています。

すでに目覚めた方の中にもピザゲイトがヒラリーのスキャンダルだと思っている方が多いようですが、ピザゲイトの主役はオバマです。ウィキリークスが入手したメールは、ジョン・ポデスタのもので、ポデスタはオバマよりもクリントン夫妻に近い存在だったので、たまたまヒラリー関連のメールが多く、そのおかげでペドフィリアに関するメールもヒラリーがらみのものが多かった、というだけのことです。

2008年の大統領選予備選で、大手メディアがオバマを絶賛し、ヒラリーに対して冷酷な態度を取ったことからも分かるとおり、**ディープステイトの位置づけではオバマのほうがヒラリーよりもランクが上です**。だからこそ、大手メディアもFBIもCIAも、必死になってオバマを守るために、ピザゲイトは陰謀論だ、と言い続けているのです。

2009年5月14日に、ストラトフォー（CIAの民間ヴァージョン）のアナリスト、フレッド・バートンが資産管理会社の重役に送ったメールには、こう書かれていました。

オバマは、少し前にホワイトハウスで行われたプライベートパーティーのために、6万5000ドルもの納税者のカネを使ってシカゴからピザとホットドッグを空輸したんじゃないかな。

ペドファイルの隠語でピザは少女、ホットドッグは少年です。

第1章では、オバマが行きずりの男性とセックスをする人間だということをお伝えしましたが、2015年には、オバマ一家と親しいジョン・レジェンド（歌手）の奥さん、クリッシー・ティーガン（モデル）が、「オバマのあれで、公共の場でセックスをした」と言っていました。「まだ大統領になる前のことだから、ホワイトハウスでやったんじゃないわよ」と補足していたので、オバマは大昔から乱交パーティのようなものを開いていたのでしょう。カバール好みの病的な性癖の持ち主であるオバマは、まさにカバールの申し子です！

２０２３年7月24日、私が原稿を書いている最中に、「マーサズ・ヴィンヤードにあるオバマ夫妻の大邸宅敷地に面した沼で、オバマのお気に入りだったシェフ、タファリ・キャンベルが溺死《できし》した」と報道されました。当初、オバマのスポークスパースンは、「オバマ夫妻は不在だった」と発表しましたが、その後、２人とも邸宅に居たことが分かりました。

キャンベルは息子ブッシュ時代にホワイトハウスの副料理長として雇われ、オバマのホワイトハウスでも副料理長を務めた後、オバマのパーソナル・シェフになった人物なので、〝ピザ・パーティ〟や内輪のイヴェントなども目撃していたはずです。この時期に亡くなったのは、オバマ夫人の出馬に備えて〝口封じ〟が必要だったからでしょうか（クリントン、息子ブッシュのホワイトハウスで11年間シェフを務めていたウォルター・シャイブも２０１５年6月、ヒラリー出馬宣言の２ヶ月後に〝溺死〟しています）。

トランプ大統領がピザゲイトの全貌を開示して、オバマの性犯罪を裁いてくれる日が早く訪れてくれますように！

第3章

グラディオ（偽旗工作）で世界を騙したオバマ

◆グラディオ隊長オバマ

ボーア戦争以降のほとんどすべての戦争、内戦、テロ、クーデターは、すべてカバールが仕組んだグラディオ（カバールの犯した罪を他者になすりつける偽旗工作《にせはた》）だったことは私の前5作で詳しく説明しましたが、オバマは誰よりも多くの卑劣なグラディオを繰り返したグラディオ隊長でした。

トランプ大統領時代のラス・ヴェガス銃乱射事件、バイデン時代のユヴァルディ銃乱射事件も含め、オバマ以降に起きた銃乱射事件はほぼすべて偽旗工作です。

この章では、まず、オバマが銃没収正当化のために起こした偽銃乱射事件の中から、特にインパクトがあったサンディ・フック小学校銃乱射事件と、フロリダ州オーランドのパルス・ナイトクラブ銃乱射事件の実態を見てみましょう。

２０１２年12月14日にコネチカット州ニュータウンで起きたサンディ・フック小学校銃乱射事件は、20歳のアダム・ランザが、６歳から7歳の子供20人（男児8人、女児12人）と、女性職員６人の計26人を射殺した、とされています。

事件後、オバマや左派、ハリウッドの連中は、この〝悲劇〟を使って銃規制強化を訴え、いまだにYouTubeでは〝サンディ・フック銃乱射事件で子どもを殺された親〟をフィーチャーした銃規制強化のCMを流しています。また、バイデン政権下で起きた複数の学校銃乱射事件（全部お芝居）の後も、オバマやセレブがしゃしゃり出て、「サンディ・フックの悲劇をいったいいつまで繰り返すのか？　もっと銃規制を強化しろ！」と訴えています。

サンディ・フックの真実を告げたアレックス・ジョーンズを〝遺族〟が訴えた2022年の裁判では、コントロールド・オポジション（＝カバールが操る偽《にせ》保守派）であるジョーンズ側が偽旗工作の証拠を提示しなかったため、14億ドルの賠償金の支払いが命じられました。この判決は、真相を語る人々の口封じに役立ち、この後、遺族に訴えられることを恐れた人々が、真相を語る記事やツイートを次々にネット上から自主的に消し去りました。

しかし、裁判でどんな判決が出ようとも、サンディ・フック銃乱射事件はグラディオです。ボストン・マラソンの爆弾テロのお芝居同様、誰一人死んでいません。

以下、ＣＩＡアナリスト時代に自らも数々の偽旗工作を指揮したロバート・デイヴィッド・スティールの『サンディ・フックの真相』と、海兵隊退役後にミネソタ大学哲学部教授になったジェイムズ・フェッツァーの『サンディ・フックでは誰一人死んでいない』の中から、分かりやすい物的証拠を箇条書きでお伝えします。

●12月13日と14日、小学校に至る道に国土安全保障省の職員がEVERYONE MUST CHECK IN「みなここで到着手続きをせよ」という標識を設置し、水のペットボトルとピザ、仮設トイレが用意されていた。これはFEMA連邦緊急事態管理局の避難訓練、災害対処訓練、模擬乱射事件対処訓練と同じ手続きであることからも、この〝乱射事件〟が2日にわたる訓練だったことが分かる。大手メディアで報道された〝事件の映像〟が2つの異なるイヴェントのつぎはぎであり、一貫性がないのは、13日と14日の訓練の模様のパッチワークだったからだ。

●大手メディアが報道した〝現場の映像〟に映っている教師、職員、親、警官などは、役割ごとに違う色の名札とランヤード（名札を首に下げるためのひも）をつけていた。これも、FEMAの訓練の手続きに沿ったものだ。

●現場には緊急医療チームや救急ヘリコプターは来なかった。

●ディキンソン・ドライヴ12番地にあるサンディ・フック小学校とされている建物は、2008年に閉鎖されていた。ゆえに、〝事件現場〟の空撮に写っている〝サンディ・フック小学校〟の駐車場には、アメリカで設置が義務づけられている身体障碍者用の駐車スペースが設けられていない。

●学校の出入り口には、やはりアメリカで設置が義務づけられている車イス用の傾斜路がない。

●学校の建物に入るための木造の階段は、手すりが壊れていて、アメリカが義務づけている学校の安全規則に著しく違反している。

●2012年9月から事件直前まで、ディキンソン・ドライヴ12番地の建物から7マイル南にあるチョーク・ヒル中学校と呼ばれていた学校の建物が、サンディ・フック小学校という名前で使用されていた。

●事件が起きる前に、SWAT特別機動隊の車がすでに待機していた。

●コネチカット州の緊急対策班の連絡システムが、事件が起きる前に外部の人間に乗っ取られ、事件当日は、事件が起きる前に「銃乱射事件が起きた」というツイートが流れ、やはり、事件が起きる前にフェイスブックに「サンディ・フック銃乱射事件の死者を悼《いた》む」ページがアップロードされていた。

●カリフォルニアの複数の学校の校長を務め、オバマ政権中に繰り返し銃乱射事件対処訓練を行ったポール・プレストンは、「サンディ・フック小学校銃乱射事件をニュースで見た後、腑に落ちない点が多かったので、オバマ政権教育省の複数の学校安全保護のための訓練担当者に電話をしたら、全員に『あれは銃規制強化をプロモートするためのイヴェントで、誰も死んでいない』と言われた」と言っている。

●死んだ、とされる小学校1年生のノア・ポズナーの写真は、義兄のマイケル・ヴァブナーの写真に手を加えたものだった。ノアの父とされるレニー・ポズナーが報道機関に提示したノアの死亡証明書は偽物で、レニーは実際はマイケルの父、ルーベン・ヴァブナーだったと判明した。

●死んだとされる犠牲者たちの死亡証明書はいまだに公表されていない。

●死んだ、とされる子どもの多くが、2013年のスーパーボウルで、〝アメリカ・ザ・ビューティフル〟を歌っていた。

●アダム・ランザが使った、とされている車のライセンス・プレイトは、ウィスコンシン州デイン郡の保安官のものだった。マホーニー保安官は、銃規制強化派の民主党員で、2012年10月に、オバマがウィスコンシン州を訪問した際に、オバマに会い、ホワイトハウスのルーズヴェルト・ルーム（大統領が来訪者と会見する部屋）でもオバマと銃規制強化対策を話し合っていた。

●死んだ、とされる6歳の少年、ベンジャミン・ウィーラーの父親、デヴィッド・ウィーラーは売れない俳優で、母親、フランシーヌ・ウィーラーはシンガー、女優。フランシーヌは、民主党全国委員会資金調達部長のアシスタントでもあった。事件の4ヶ月後、2013年4月13日、フランシーヌは、オバマに招かれ、大統領執務室で涙ながらに銃規制強化を訴える演説をした。

●サンディ・フック銃乱射事件生存者として昼のトーク・ショウに出演した小学3年生の少年が、「避難訓練をしていたんだよ」と、真実をもらしていた（このビデオは現在、削除されている）。
●事件後、すぐにコネチカット州が5000万ドルの予算をつぎ込み、事件の舞台となった建物を取り壊し、グラディオの証拠を消した。

小学生の子どもたちが殺された、というお涙頂戴の芝居が功を奏し、この後、銃規制強化支持者が増え、サンディ・フックのグラディオに関わった人たちが住む街は巨額の財政援助を受けることができました。

2012年、オバマはスミス＝マンド・モダナイゼイション法（Smith-Mundt Modernization Act）を制定し、アメリカ政府が海外向けに流すプロパガンダを国内でも報道できるようにしました（それまでは、アメリカ国内で政府のプロパガンダを報道することは禁じられていました）。

つまり、オバマが、アメリカ人（自国民）に対するサイオプを合法化した、ということです。

◆オーランド銃乱射事件の真相

これを踏まえて、2016年6月12日に、フロリダ州オーランドのゲイ・クラブ、パルス・ナイトクラブで起きた銃乱射事件の真相に迫ってみましょう。

これは、イスラム国に忠誠を誓うアフガニスタン系の男性、オマー・マティーンが49人を殺し、53人を負傷させ、警官に撃ち殺された、とされる事件です。実際は、イスラム教徒とLGBTQのコミュニティを対立させて、アメリカを分断統治し、イスラム国対策の予算を拡大（資金洗浄）するための下手な芝居でした。

元ウォール・ストリート・ジャーナル、及びビジネス・ウィークのコラムニスト、ドクター・ポール・クレイグ・ロバーツは、「メディアは〝最多死者数、最多負傷者数の現場は血まみれだった〟と煽ったが、そのような映像も証拠写真もない」と指摘しています。

アメリカのマスコミ業界、特にテレビの報道業界では、「If it bleeds, it leads.「流血はトップ・ニュースになる」とよく言われています。センセイショナルな殺人事件、テロ、銃乱射事件などの血みどろの現場を報道すると、視聴率が稼げるからです。どの国よりもニュース番組の視聴率競争が激しいアメリカで、センセイショナルなシーンを報道しないテレビ局があるはずはありません。どのテレビ局でも血まみれのシーンが報道されなかったのは、これがヘタなお芝居で、血まみれのシーンがなかったからです。

このグラディオは、あまりにも嘘っぽかったため、事件が起きた直後から偽旗工作を証明するビデオが続々とYouTubeに投稿されましたが、今では、すべて跡形もなく消去されてしまいました（私が見た中で、一番笑えたのは、脚を撃たれた、とされる男性が、カメラに写されていないと思ったとたんに、普通に歩きだした様子を映したビデオでした）。

事件の3日後、6月15日には、ブロードウェイのスターやNY在住のスター、たまたまNYにいたスターたちが集まって、被害者のためのチャリティ・ソングとして、〝ホワット・ザ・ワールド・ニーズ・ナウ・イズ・ラヴ〟（今、世界が必要としているのは愛。バート・バカラックの1960年代の名曲）をレコーディングしました。参加者は、映画スターのマシュー・ブロデリックや、テレビ女優、サラ・ジェシカ・パーカー、シンガーのグロリア・エステファン（マイアミ・サウンド・マシーン）、元映画女優で今はトーク・ショウ・パネリストのウーピー・ゴールドバーグ（『ゴースト／ニューヨークの幻』での演技でアカデミー助演女優賞を受賞）、トニー賞・エミー賞受賞者のネイサン・レイン、グラミー賞を4回受賞したキャロル・キング、大ヒット・ミュージカル『ハミルトン』の脚本・作曲・作詞・主演を務めてピューリッツァー賞、グラミー賞3賞、エミー賞、マッカーサー・フェロー、トニー賞3賞、ハリウッド・ウォーク・オブ・フェームの星を受賞し、2018年、ケネディ・センター名誉賞を受賞したリン＝マニュエル・ミランダなど65人でした。スケジュールを確保するだけでも、大変だったでしょう（『ハミルトン』は、アメリカに連邦準備制度を押しつけたカバールの手下、アレクサンダー・ハミルトンの生涯を描いたヒップホップ・ミュージカル）。

レコーディング風景を撮影したメイキングのヴィデオをご覧になってください！

https://www.youtube.com/watch?v=vdl5VL0sax4

〝ウィ・アー・ザ・ワールド〟（1985年にスターたちが集まって作ったアフリカの飢餓救済チャリティ・ソング）のボブ・ディランやシンディ・ローパーのモノマネをしてふざけてはしゃいでいるスターたちもいるではありませんか！　49人もの死者を出した悲劇的惨事のたった3日後とは思えない、やけに陽気で楽しい雰囲気です。悲壮感もまったく無ければ、涙を堪えて歌を歌おう！、という決意の表情も完全に欠落しています。これは、彼らがすでに悲しみを乗り越えたからなのでしょうか？　それとも、芸能人なので、ライト、カメラ、アクション！、というクセがついていて、ライトがついてカメラが回ると、思わずノってしまうからなのでしょうか？　どちらにせよ、どうも〝自然発生的ではなくて、かなり前から仕組まれていた〟という感じがしませんか？

事件の4日後、6月16日にLGBTQコミュニティの支持者として知られる歌手のクリステ

オーランドのゲイ・クラブ、パルス・ナイトクラブで起きた銃乱射事件の3日後、ブロードウェイやニューヨーク在住のスターたちが集まって、被害者のためのチャリティー・ソング「What the world needs now is love」をレコーディング。終始和気藹々とした雰囲気のレコーディング風景

(https://www.youtube.com/watch?v=vdl5VL0sax4)

イーナ・アギレラと、自らもレスビアンであるメリッサ・エスリッジが、「被害者や遺族への思いを込めて、またLGBTQコミュニティを励ますために」と、それぞれ〝チェンジ〟、〝パルス〟という曲をリリース。2人とも収益はすべて遺族と被害者に寄付する、という声明文を発表し、ついでに銃規制強化も訴えました。

リリースと同時に、2曲ともラジオやテレビの情報番組、朝昼のトーク・ショウで紹介され、音楽番組ではヘヴィ・ローテイションで流れ、銃乱射事件が本物だと信じている人々（アメリカ人の過半数）が、「悲しみや怒りを音楽を通してポジティヴなエネルギーに変えよう！」と唱えていました。

2人とも才能のあるアーティストなので、「たった数日で曲を書き上げてレコーディングをすることができた」と言われても、誰も疑いはしないでしょうが、あまりにもできすぎた話だと思いませんか？

私を含め、すでに目覚めた人たちは、皆こう思いました。「これは、『ウワサの真相／ワグ・ザ・ドッグ』で、大統領のセックス・スキャンダルから注意をそらすために、ホワイトハウスに雇われて偽《にせ》の戦争を演出するハリウッドのプロデューサー（ダスティン・ホフマン）が、ウイリー・ネルソンを担ぎ出して、米軍応援歌を作らせるシーンに酷似している！」

オバマ政権発足後は、オバマはほぼ毎月、時には月に2回も偽《にせ》銃乱射事件を起こしていたので、2016年の段階では、アメリカ人が銃乱射事件に慣れっこになってしまっていました。そこで、オバマは、大統領選の4ヶ月前に最後の一踏ん張り、ということで、スター・パワーを使って銃乱射事件を盛り上げ、銃規制強化の必要性とイスラム国の脅威を示し、さらにLGBTQへの支援を取り付けたのです。

これだけでも十分呆れますが、2019年7月には、さらに呆れる出来事が起きました！　銃乱射事件が起きた夜、〝32人の負傷者から77個の弾丸を除去したレスビアンの女医！〟としてリベラル派やLGBTQコミュニティからヒロイン扱いされていた〝ドクター〟・エリザベス・マッカーシーは、ことあるたびに銃規制を訴える演説を行っていました。マッカーシーは、2019年にフロリダ州下院議員に民主党候補として出馬していました。しかし、ライヴァル候補による身元調査が進んでいることが分かった後、彼女は「LGBTQコミュニティで尊敬される存在になりたくて、思わず嘘をついてしまいました」と述べて、選挙戦から身を引きました。その後の調べで、彼女が医師免許を持っていなかったことも判明しています。

ここまで読んで、まだオーランドのパルス・ナイトクラブ銃乱射事件がグラディオだったと気づかない人は、もう救いようがないですね。いつまでも、マトリックスの中で昏睡《こんすい》状態でいてください。

ちなみに、〝ウィ・アー・ザ・ワールド〟や〝ドゥ・ゼイ・ノウ・イッツ・クリスマス〟、ライヴ・エイドのコンサートなど、アフリカの飢餓・貧困救済のチャリティ・ソングやチャリティ・イヴェントは、1億ドル以上の寄付金を集めた1980年代最大の世界的行事でした。しかし、その後の調べで、アフリカに送られた金の大部分は、現地を牛耳る反政府軍やゲリラなどに盗まれ、武器を買う資金と化し、チャリティ本部が支給した食料品も飢餓に苦しむ人々に届く前に反政府派の兵士たちに盗まれることが多かったことが分かりました。

せっかくの慈善金が武器商人に渡るなんて、まさにカバールの思うつぼです！

そもそも、アフリカの飢餓も貧困もカバールが起こしたグラディオによる戦争や内戦、気象兵器が人工的に起こす干ばつが原因であることが多い、ということを思い出してください。カバールは、自分が引き起こした飢餓や貧困をネタに、慈善事業で集めた金をカバールが牛耳る武器商人に還元し、さらなる戦争、内戦を起こしているのです。

エチオピアの飢餓を口実に、ＩＭＦ、世界銀行がアフリカにモンサントの遺伝子組み換え種子を売りつけて、農民をモンサントの奴隷にしたことも鑑みると、ライヴ・エイドもサイオプだったことが分かりますよね。

◆高速鉄道タリス〝銃乱射〟事件は明々白々のグラディオ

オバマが指揮したのはアメリカ国内の銃乱射事件ばかりではありません。オバマはNATO、ファイヴ・アイズ（アメリカ、英国、カナダ、オーストラリア、ニュージーランドの諜報局）やフランス、スペイン、ドイツの諜報局と組んで、世界各国でグラディオを展開しました（アラブの春、ウクライナ革命を含むカラー革命がオバマが仕掛けたグラディオだったことは、拙著『ディープ・ステイトの真実』、『カバールの正体』、『ハリウッド映画の正体』、『フェイク・ニューズメディアの真っ赤な嘘』に詳しく書いてありますので、是非ご一読ください！）。

2015年1月7日にパリで起きたシャルリー・エブド襲撃事件（イスラム教の予言者ムハンマドの風刺画を載せた週刊風刺新聞『シャルリー・エブド』の本社にイスラム国支持派テロリストが乱入し、編集長、風刺漫画家、コラムニスト、警察官ら合わせて12人を殺害した、とされるテロ事件）も、もちろんグラディオです。

これに関しては、このビデオをご覧になってください。

https://www.bitchute.com/video/C5XkVxSjsH3V/

テロリストに頭を打たれて死んだ、とされる警官の頭部は無傷で、血は一滴も見あたりません。銃弾のようなものが当たったのは地面です。百聞は一見にしかず。これ以上言うことはありません。

思い出してください。グラディオの発祥地はヨーロッパです。もともとグラディオは、NATO、CIA、英国諜報機関がヨーロッパを共産主義から守る目的で始めた偽旗《にせはた》工作です。西側が雇った工作員（多くは元ナチス隊員）が西欧諸国の共産主義団体に潜り込んでテロを仕掛け、共産主義者がテロを起こしたと見せて、共産主義は恐ろしい！、という意識を人々の深層心理に植えつけるためのサイオプでした（詳細は『ディープ・ステイトの真実』参照）。

イスラム国もオバマが作った、という史実も忘れてはいけません。オバマがUBSなどのスイスの銀行のカネを使ってイスラム国を作った過程は、元陸軍サイオプ部隊員のスコット・ベネットが書いた内部告発本、『シェル・ゲーム』（*Shell Game*, 2014）に詳しく記されています。オバマがイスラム国を作った理由は、戦争の火種を絶やさないようにするため、そして、シリアのアサド政権を襲わせて、アサド援助のためのロシア参戦を余儀なくさせるためでした。ブレジンスキーがタリバンを作った理由と同じです。

さらに、EU本部があるベルギーこそがグラディオの作戦本部であることも、忘れないでく

シャルリー・エブド襲撃事件（2015年1月7日）もグラディオだった

テロリストに頭を撃たれて死んだとされる警官の頭部は実は無傷で、銃弾のようなものが当たったのは地面の白い煙が立った辺りであることが映像を見るとはっきりと分かる
(https://www.bitchute.com/video/C5XkVxSjsH3V/)

ださい。そもそもEU設立の基礎となったブリュッセル条約はベルギーのブリュッセルで締結されました。NATOの本部もベルギーのブリュッセルです。1984年にNATOとCIAがベルギーのヴィエルサルムで仕掛けたグラディオでは、夜中にパラシュートで降り立ったアメリカの海兵隊員がヴィエルサルム警察本部を襲って警官を殺して武器を奪い、武器を過激派団体に与えました。

これらの事実を頭に置いて、2015年8月21日に起きたタリス〝銃乱射〟事件を見てみましょう。ブリュッセルで乗車したイスラム国支持者のモロッコ人が、乗客を射殺しようとした、とされるこの事件は、日本語版のウィキペディアではこう説明されています。

乗客554名を乗せたアムステルダム発、ベルギー経由パリ行きの高速鉄道タリス車内でトイレに入ろうとした乗客がトイレ内で自動小銃AK-47の装塡音《そうてんおん》がしたことに気づき、出てきたところを取り押さえようとしたところ、男が自動小銃を発砲した。

しかし、乗客のアメリカ軍人2名（アレク・スカラトス、スペンサー・ストーン）、アメリカ人大学生（アンソニー・サドラー）、フランス在住イギリス人ビジネスマンが男を取り押さえた。アメリカ空軍兵士であるスペンサー・ストーンは犯人にカッターナイフで切り付けられ、首と手を負傷した。アメリカ人3名は幼馴染で、オレゴン州兵であるアレク・スカラトスが、アフガニスタン駐留から帰国したのを祝っての旅行をしていた。犯人はシリアへの渡航歴もあるイスラーム過激派の26歳のモロッコ国籍の男で事件前から情報機関にマークされており、事件当時はＡＫ－47のほかにも複数のナイフや拳銃を所持していた。

犯人を制圧したアメリカ人たちの行動に対して、フランスのベルナール・カズヌーヴ内務大臣は「非常事態において偉大な勇気を示した」と讃えた。また、オバマ大統領は「英雄的な行動で悲劇を防いだ」と称賛した。

３人は、フランス政府からはレジオン・ドヌール勲章が授与され、バラク・オバマ大統領からホワイトハウスへ招待された。負傷したスペンサー・ストーンには更にパープルハート章とエアマンズメダルが授与された。

本事件はクリント・イーストウッドの監督の下で『15時17分、パリ行き』というタイトルで２０１８年に映画化され、アレク・スカラトス、スペンサー・ストーン、アンソニー・サドラーは本人役で主演した。

（ウィキペディア日本語版、一部省略）

「高速列車の中で、勇敢な3人のアメリカ人が銃を持ったテロリストを押さえつけてテロを食い止めた！」――文字通り、アクション映画です！

映画でも主演を務めた3人は、文字通り役者です。スティーヴン・セガールやシュワちゃんよりも台詞回しや〝緊張の表情〟がうまいこの３人の演技を見てください!!

https://www.youtube.com/watch?v=IC_lnyn2R2Q&pp=ygUSVGhlIDE1OjE3IHRvIFBhcmlz

https://www.youtube.com/watch?v=c3C5mSyiKXk

この一連の過程は、９・11で、国会議事堂に突撃しようとするハイジャック犯に立ち向かい、ペンシルヴァニア州のシャンクスヴィルに飛行機を墜落させた、とされる英雄的乗客のお話が『ユナイテッド93』として映画化された経緯にそっくりです！（すべて作り話で、シャンクスヴィルに飛行機が墜落した形跡がないことは、『ハリウッド映画の正体』で詳しく説明してあります）。

タイタニックを含め、作り話を史実だと思わせるために映画を作って偽情報を深層心理に刷り込む、というのはカバールが常套手段とするサイオプです。これは、まさにQのインテル・ドロップ１４５０、You are watching a ‘SCRIPTED’ movie.「君たちは〝台本に沿った〟映画を見ているのだ」を地でいく展開です。

タリス〝銃乱射〟事件も、明らかにグラディオです。

まず、「高速鉄道タリス車内でトイレに入ろうとした乗客がトイレ内で自動小銃ＡＫ－47の装填音がしたことに気づき」って、あなた、地獄耳もここまでいくと人間ではなくターミネイターでしょう。

高速で走っている列車の内部は、決して〝静か〟ではありません。そんな環境の中で、トイレのドアの向こう側から自動小銃の装塡音が聞こえるはずがありません。トイレのドアに聴診器を当てて盗聴していたのなら別ですけど。

すでに話の始まりからして、あり得ない設定です。

グラディオの本場、ブリュッセルから乗り込んだ犯人とされる男性、アイユーブ・エル・カッザーニは、シリアでイスラム国のトレーニングを受けてアサド政権を倒すために戦っていました。イスラム国はオバマが作り、ＣＩＡが訓練した組織なので、エル・カッザーニは明らかにＣＩＡの回し者です。

これは、イスラム国の脅威を煽ってテロ対策予算を倍増し、中道派と保守派のアメリカ人の自尊心をくすぐるためのサイオプ以外の何物でもありません。

事件直後に、ベルギーが「ＥＵは列車乗車の際も飛行機搭乗時と同様の身分証明書の提示や荷物検査などのセキュリティ・チェックを義務づけるべき！」と提案し、ヨーロッパ諸国の大きな駅に警官や武装した警備員が配置されました。これは、コロナウイルスのパンデミックの際に、ＥＵ諸国がすんなりとワクチン・パスポートを受け容れるための土台作りとして役立ちました。９・11の後にパトリオット法が導入されたのと同じ手口です。問題を捏造《ねつぞう》して、自分たちにとって都合の良い解決策を与える、というカバールのお家芸です。

カバールの最終目的は、家畜化した人間を「15分の都市」（職場、商店、学校、病院などがすべて住居から徒歩、自転車で15分以内で行ける環境に優しい街）に閉じ込めることです。この目的達成のためには、街の外に出るには関門が必要となるので、今のうちから駅も関所化しておこうとしたのです。

◆マララ襲撃事件の真実

最後に、2012年10月9日に起きたマララ襲撃事件を検証してみましょう。まず、大手メディアが伝えるお話を見てみましょう。

タリバン支配下にあるパキスタンのスワートに住む勉強好きの少女、マララ・ユスフザイ（1997年生まれ）は、11歳のときにBBC放送の依頼でBBCのウルドゥー語のブログにペンネームで投稿して、恐怖におびえながら生きる人々の惨状を綴り、タリバンによる女子校の破壊活動を批判していた。女性への教育の必要性や平和を訴えるマララのブログに感動したニューヨーク・タイムズの記者、アダム・B・エリックが、2009年にタリバン支配下で弾圧を受けながらも学校に通うマララをフィーチャーした短篇ドキュメンタリーを発表し、マララは一躍世界的な有名人になった。このドキュメンタリーで、マララは、「タリバンがパキスタンを破壊しました。教育を受けて政治家になってこの国を救いたいです」と語っていた。

過激派イスラム教徒に立ち向かう勇敢な少女として世界的ヒロインになったマララは、さまざまなメディアでもてはやされ、２０１０年にはパキスタン・アフガニスタン特使のリチャード・ホルブルックと会見し、パキスタンの女子に教育を与えることが必要だ、と訴えた。

２０１２年10月９日、パキスタン・タリバン運動（タリバンの一派）が親欧米思想を支持するマララを襲い、マララは撃たれ、銃弾は頭部、左目の上から入ってあごと首の間で止まったが、摘出されて、マララは奇跡的に助かった。

その後、マララは女権・人権運動家、イスラム教徒に欧米型教育を施すための運動家となり、オバマと会見し、ヒラリーの支援を受け、ヨーロッパの首脳たちからも絶賛され、国連で演説し、２０１４年にはマララはノーベル平和賞を授与され、２０１７年には国連平和大使になった。また、２０１３年にはユネスコがマララ基金を設立し、２０１５年にはマララのドキュメンタリー映画が作られて、アメリカの多くの学校で社会科の授業の一環として放映された。

まさに感動の物語です！

しかし、イスラム通、特にパキスタン事情に詳しい人々の中には、この出来過ぎた話に疑問を抱いている人がたくさんいます。

まず、マララ襲撃事件に至るまでの世界情勢を振り返ってみましょう。

7月、イスラム教を侮蔑するビデオが YouTube に投稿されました。

9月11日、リビアのベンガジのアメリカ在外公館が襲撃され、クリストファー・スティーヴンス大使を含む4人が殺されました。「反イスラム映画のせいでテロが起きた」と、ヒラリーや当時の国連大使のスーザン・ライスが発言を連発し、大手メディアのコメンテイターも彼女たちの発言を繰り返したので、当時は、世界中が「イスラム教を批判するとテロリストに殺される！」と、信じ込んでいました（実は映画とは無関係だったことが後で分かりましたが、後の祭りでした）。

10月6日、パキスタンでオバマ政権のドローン攻撃に反対するピース・マーチが始まり、リーダーの元クリケット選手で当時パキスタン正義運動党党首だったイムラン・カーンが、平和を求める政治家として頭角を現しました。イムラン・カーンは2018年にパキスタン首相になり2022年に解任されたが〝パキスタンのトランプ〟と呼ばれて国民から支持されています。平和派の政治家はカバールの敵です。

オバマが、ベンガジの襲撃事件から注意をそらし、イムラン・カーンの人気に水を差したいと思っていた時に、運良く起きたのがマララ襲撃事件でした。これで一気に、話題がマララへと移り、勇敢なヒロイン、マララと彼女を支援するオバマが主役になれる美談が大手メディアを賑わすことになったのです。

サンディ・フックの真相を暴いたジェイムズ・フェッツァーと共に、偽旗工作暴露をライフ・ワークとしているケヴィン・バレット元ウィスコンシン大学教授が2014年に書いた記事は、「撃たれる前にマララのブログを世界に紹介し、ドキュメンタリーを作ったニューヨーク・タイムズ記者、アダム・B・エリックはCIA工作員だった」と指摘していました。

当時は、これはフェイク・ニューズとして片付けられていました。しかし、そもそも大手メディアはCIAの偽情報拡散機関です。また、エリックは、ロシア疑惑を助長するツイートを多発し、サンディ・フックの〝悲劇〟を利用して銃規制強化を訴えています。さらに、2018年には、「月曜の3時に、CIAのジョン・サイファーと、KGBがロシアの偽情報をアメリカで広めていることに関して話し合う」とツイートしていました。エリックが言う〝ロシアの偽情報〟とは、「ロシアが民主党本部のコンピュータをハッキングしてトランプを助けた、というのは嘘だ」というロシア側が提供した情報、つまり真実のことです。さらに、2023年には、ジョン・サイファーが、ハンター・バイデンのラップトップが本物だと知っていながら、「ロシアの偽情報だ」と嘘をついていたことも分かりました。この一連の流れから、今ではエリックがCIAの工作員であることを疑う人はいません。

次に、ドクター・ナウマン・シャド（パキスタンのサハラ医科大学薬理治療学教授、パキスタン薬理学会事務局長）の記事「マララ偽旗工作の法医学的分析」を見てみましょう。

マララの父親は実業家で、学校を経営しているが、スワートのトラブルで経営が悪化していたため、さらなるチャンスを求めていたのだ。

学校経営者の事業が停止されようとしているのに、突然、彼の「従順な」娘が、パキスタンに営利目的の学校を増やす（つまり、彼の富を増やす）ための「個人的な聖戦」を引き受けたのです。そこで、２０１０年にマララとその家族がアメリカの特使、故リチャード・ハルブルックと面会することになった！

アダム・B・エリックによると、彼はマララの学校がタリバン（アメリカン・タリバン）によって閉鎖される10日前に父親とマララに会い、学校が閉鎖される前日からマララの撮影を始めたそうだ。なんという偶然だろう。彼らはすべてを準備していたように思える。

こうしてマララは、ＣＩＡが自らの政治的利益のために多くの低開発国に押しつけようとしている営利目的のグローバルな学校システムの顔になった！

マララが負った傷に関してもつじつまが合わないことが多すぎる。

最初は、１発の銃弾によって負傷した、と報告された。１発の弾丸が額から頭蓋骨に入

2012年10月9日に起きたとされる「マララ襲撃事件」も完全なお芝居だった。ノーベル平和賞はカバールの手下を善人に見せるためのサイオプだ

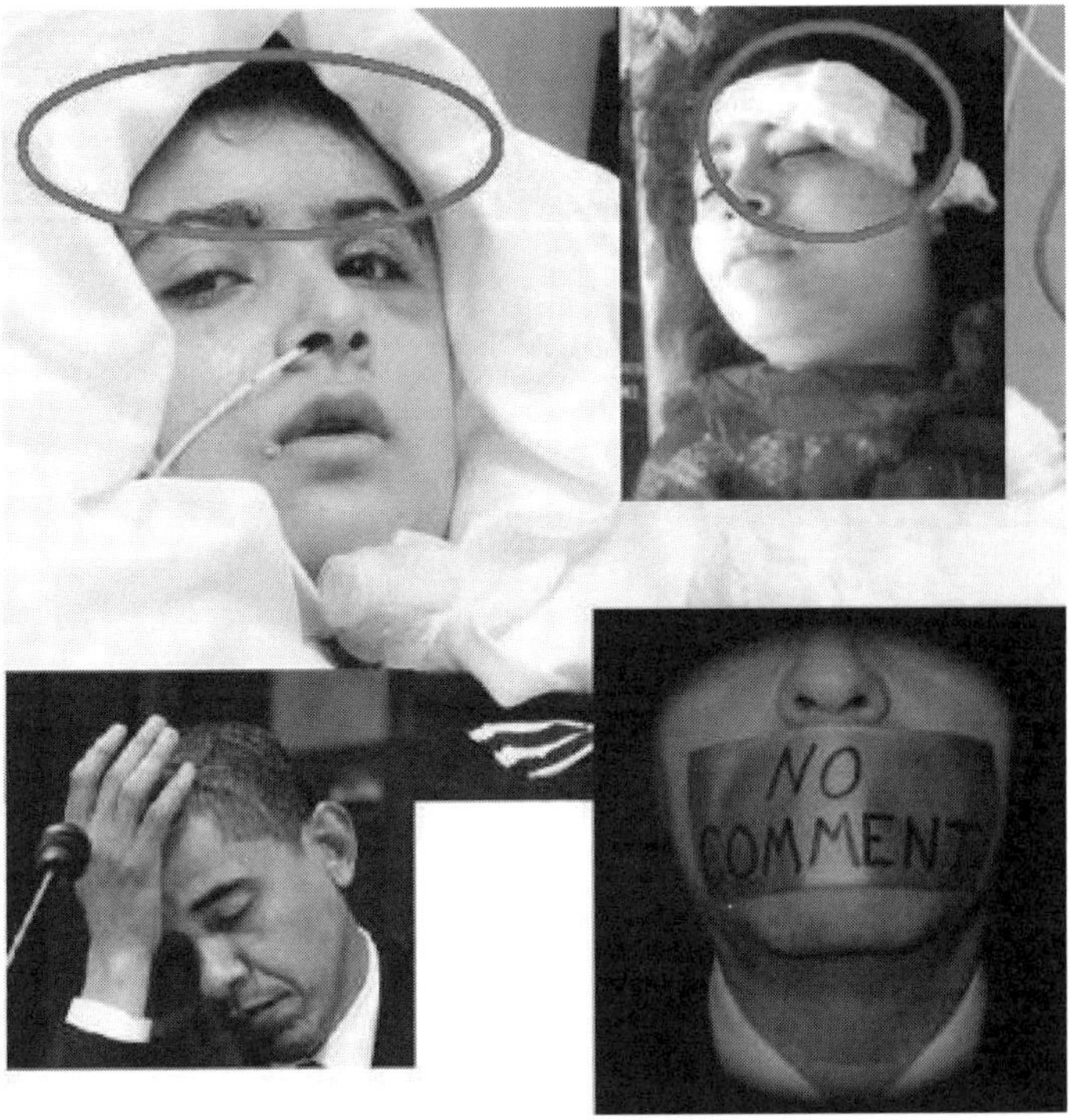

額を撃たれ、その弾丸が首に達したと報告されたマララの写真は、額が無傷のものが多数あった。栄養チューブを拡大すると、鼻に入っていないことも確認された

り、どういうわけか首の近くの肩に入った。首が隠されている写真を公開し続けたが、誰かのミスで、明らかに首が撃たれていないことを示す写真が公開されたため、頭と首を撃たれたという話に変更せざるを得なくなった。

2発の銃弾に撃たれた、という報道もあった。ミンゴラの主要病院の医師、タリク・モハマッドは、「マララは頭に1発、首に1発撃たれたが、命に別状はない」とコメントした。しかし、写真では首に傷はない。

止血のガーゼが額の右側にある写真、左側にある写真、額にまったく傷跡がない写真などがほぼ同時期に公開され、鼻腔栄養チューブをつけている写真を拡大すると、チューブが鼻に入っていないことが分かる。

マララの手術をした外科医は、「至近距離から撃たれ、高速の弾丸が彼女の脳の重要な部分を傷つけた」と言った。これはミンゴラの医師のコメントと異なる。後のマララの演説などから、彼女の脳が完全に回復したか、もともと傷ついていなかったことも明らかだ。つまり、左目の上から彼女の頭蓋骨に入った弾丸は、彼女の頭を通り、首を通って彼女の肩に留まったが、彼女の脳にはまったくダメージを与えなかった、ということだ。(要約)

医者の視点からも、マララ襲撃事件がお芝居だったことは明らかですが、仮にタリバンが本当にマララを撃ったのだとしても、タリバンはＣＩＡが作った組織なので、マララ事件がグラディオであり、主犯が当時大統領だったオバマであることに変わりはありません。

マララのグラディオは、２つの役割を果たしました。

１つは、オバマが自分にとって都合の悪いニュースのサイクルを止めて、別の話題に切り替えるためのミスディレクションの役割。もう1つは、国連のグローバル教育（学校設立を大義名分に掲げた資金洗浄）を売り込むためのサイオプでした。

当時、国連は、ＬＧＢＴＱ推奨教育や環境保護を重視する均一的な教育を２０１５年までに全世界の子どもたちに施そう！、と謳っていました。イスラム諸国はＬＧＢＴＱ推奨教育に難色を示し、開発国は環境保護の押し売りを拒み、先進国の国民は国連の政策を援助するために自分たちが課税されるのは迷惑だ、と思っていました。しかし、マララのおかげで世論が一気に「やっぱり世界的な教育が必要だ！」と、国連の政策賛成派に傾いたのです。マララ事件前後の国連の動きを振り返ってみましょう。

２０１２年7月13日：ゴードン・ブラウン元英国首相、国連グローバル教育特使に任命され、「２０１５年までにすべての子どもたちが学校でグローバルな教育を受けられるようにしたい」と抱負を語る。

２０１２年8月：教育目的グローバル・ビジネス連合（国連の支持を受けてグローバリストが

勝手に作った団体）が、アフリカで女子教育プロジェクトを開催し、各国政府、企業、財団、善意溢れる人々に援助要請。
２０１２年９月27日：ニューヨークの国連本部で開かれるはずだったゴードン・ブラウンの記者会見が、記者が１人しか来なかったのでキャンセルされた。
２０１２年10月２日：世界経済フォーラムに見初められたサルマン・カーンが書いた世界規模の営利目的の学校の長所を説く本、『ワン・ワールド・スクールハウス』発売。
２０１２年10月５日：グーグル、サルマン・カーンの世界規模営利目的学校設立案をプロモート。
２０１２年10月９日：フォーブス、「ビル・ゲイツもカーンの支持者」と書いて、『ワン・ワールド・スクールハウス』を宣伝。
２０１２年10月９日：マララ襲撃事件。
２０１２年10月14日：ゴードン・ブラウン、「女子に教育を！、というマララの望みを叶えよう！」と世界中に呼びかけ、I am Malala！「私はマララ」という名称の教育要請請願書（２０１５年までに全世界の子どもたちに教育を施すために尽力せよ、と、世界規模の機関に要請する請願書）へのサインを求めた。
この後、国連はグローバル教育のための資金を調達しやすくなり、メモワール『アイ・アム・マララ』の印税やレクチャー料、ノーベル平和賞賞金で大金持ちになったマララは稼いだお金の一部でガザに学校を作りました。

オバマ夫妻、オバマ政権の全面的支援を受けたマララ基金には、アメリカ政府の支援金、大企業や富豪、一般人から巨額の寄付が集まり、お金は世界各国で教育普及のために使われている、とされています。しかし、英国のバーミンガムにあるパキスタン公使館に〝パキスタン人学生のために〟2013年に新設された教育局は、誰一人訪問者がいないまま2017年に閉鎖されました。教育局が存在した4年間で、いったいどれほどの費用が無駄使いされたのか、いまだに明らかにされていないのですが、これは氷山の一角に過ぎません。マララの望みを叶えよう！、というスローガンのもとで、いったいどれだけのカネが動いたのでしょうか。マララのグラディオは、資金洗浄にも大いに役立ったと言えるでしょう。

ちなみに、オバマは、大統領になって8ヶ月後の2009年10月にノーベル平和賞を受賞した後、ドローンで人を殺し、リビアのグラディオでカダフィ大佐を殺害し、ウクライナなどのソ連から独立した東欧諸国、アラブ諸国などのカラー革命でさんざん人を殺しました。

ラテン・アメリカやヴェトナムのグラディオを仕切ったキッシンジャー、CIAとオットー・スコルツェニー（元ナチの親衛隊中佐）の訓練を受けたアラファト議長、地球温暖化という嘘を広めたアル・ゴア、インドで子どもの人身売買をした容疑を払拭できないマザー・テレサ、カバールの手下であるソロスやクリントン夫妻と親しいアウン・サン・スー・チー、膝に乗せた少年に「私の舌を吸え」と言ったダライ・ラマなどもノーベル平和賞をもらっています。ドイツで警官に捕まった芝居をしたグレタ・トゥーンベリは4回もノーベル平和賞にノミネートされ、2022年には自国民を平然と殺し、ことあるたびにロシアと戦うための兵器と資金援助を要請して必死になって第3次世界大戦を起こそうとしているゼレンスキーがノーベル平和賞にノミネートされています。

ノーベル平和賞は、カバールの手下を善人と見せかけるためのサイオプです。

大手メディアの偽情報拡散のおかげで、善人だと思われていたオバマも、イーロン・マスクに買収された後のツイッターとトランプ大統領のトゥルース・ソーシャルのおかげで真実が伝わるようになった今、やっと化けの皮が剝がれてきました。グラディオ隊長としてのオバマの実態が明らかにされる日も、そう遠くはないでしょう!

第4章

政府機関を使って政敵を罰する卑怯者

◆政府機関の職権濫用

バイデン政権は労働安全衛生局の権威を振りかざして職場でのワクチン接種を義務化し、バイデン政権下のFBIと司法省は、トランスジェンダー押しつけ教育に反対する親たちを〝国内テロリスト〟に指定して罰し、民主党の検事や裁判官は容疑を捏造《ねつぞう》してトランプ大統領を起訴しています。

こうした政府機関の職権濫用は、バイデン政権の常套手段と見なされていますが、政府機関を使って政敵を罰する、という姑息な手段を通常化させたのはオバマでした。

2008年の大統領選中、当時まだ社会主義反対派がマジョリティだったアメリカで、オバマは中道派のふりをしていました。しかし、オハイオ州で遊説中に、配管工のジョーという名前の男性から、「事業を興してアメリカン・ドリームを追求したい人間に高い税金を払わせるのか?」と質問され、オバマは「富を分配するのは、みんなにとっていいことだ」と、思わず本音で答えてしまったのです。

これがネット上で話題になるやいなや、オハイオ州政府の福祉局、児童保護局、車両登録局、財務局などのデータベースに複数の公務員がアクセスして、ジョーのあら探しを始め、オバマ支持派のサイトがジョーのありとあらゆる個人情報をリークしました。この後、〝交通違反の罰金、約700ドル未払いの犯罪者！〟というレッテルを貼られたジョーは、夜のトーク・ショウなどでさんざんジョークのネタになり、大手メディアで嘘つき呼ばわりされました。そして、この事件は、保守派の人々の深層心理に、「反オバマ発言をすると、政府機関にプライヴァシーを探られて、リークされ、大手メディアで笑いものになって、世間からつまはじきにされてしまう！」という恐怖心を植えつけました。おかげで、その後、保守派の人々は自主規制して反オバマ発言を慎むようになりました。

　後の調べで、複数の職員が「職業及び家族サービス局の局長、ヘレン・ジョーンズ・ケリーに依頼されて調べた」と白状しましたが、ケリーは罰せられることはありませんでした。2009年には、ジョーがケリーを含む3人のオハイオ州政府の役人を相手取って裁判を起こしましたが、大手メディアが「3人の役人の高い弁護料はオハイオ州政府の負担、つまりオハイオ州民の税金からまかなわれる！」と煽りたてました。おかげで、それまではジョーに同情的だった人々が、「もう過ぎたことだから、州民の税金をむだ遣いするな！」と思うようになり、この世論に応えるかのように判事がジョーの訴訟取り上げを拒絶しました。

　この激しいプライヴァシー侵害事件に関して、オバマ側は、「オハイオ州政府の公務員が勝手にやったことです」というコメントを発表。ケリーはオバマに2500ドルの政治献金を送っていたオバマ支持者なので、オバマを守るために自主的にジョーのあら探しを指示しただけかもしれません。しかし、主犯が誰であれ、政府機関を使うと政敵を効率よく潰せることが明らかになったことは確かです。

そもそもアメリカでは、公立学校の教師を含む公務員は、絶大な権力を持つ組合に守られているため、殺人でも犯さない限り解雇される心配はありません。悪いことをして訴えられても彼らの弁護料は政府の負担となるので、「税金のむだ遣い！」というアングルを押し出して原告に不利な世論を作り出せば、判事や検事の心理操作も楽にできます。アメリカでは州の判事、検事は選挙で選ばれるので、司法関係者も世論に叩かれる行動は取りたくないからです。

◆国税庁を使って保守派団体に執拗ないやがらせ

このような諸事情を悪用し、大統領になったオバマは、政府機関を政敵駆逐のための武器として使いまくりました。

２００９年、連邦政府肥大化の象徴であるオバマケアーに反対する人々がアメリカ全土でティー・パーティを結成し、社会主義や共産主義の実態や小さな政府の長所を市民に教え始めました。ティー・パーティ・ムーヴメントの威力を恐れたオバマ政権は、国税庁の権力を濫用して、免税申請書を提出した保守派団体にありとあらゆるいやがらせをして、挙げ句の果てに申請を却下しました（草の根組織で免税対象になるのは、宗教団体、住民の教育や社会奉仕などをする団体で、政治活動や選挙運動を行う団体は対象外です）。

国税庁は、2010年の2月の段階では、〝ティー・パーティ〟、〝パトリオット〟などの単語が入った組織の免税申請書を〝保管〟して、処理を後回しにしていました。

しかし、3月31日に連邦政府職員組合のコリーン・ケリー議長がホワイトハウスを訪れてオバマと会談した次の日から、国税庁が保守派団体取締りを強化しました（国税庁職員も、この組合のメンバーです）。

6月には、国税庁の各州の支部がワシントンの本部とコーディネートして、保守派団体申請却下の手順を整え、8月には、〝団体が目指すゴール〟の項目に「減税」、「政府支出削減」などの言葉が入った団体も却下対象の枠に組み込みました。

そして、10月、司法省のジャック・スミスが国税庁のロイス・ラーナーと協力して、免税申請書を提出した保守派組織が政治活動をしている証拠を探り出し、刑事責任を追及し、起訴する方針を固めました（ジャック・スミスは、2023年にあり得ない容疑をでっち上げてトランプ大統領を起訴した男です）。

この後、政府機関を悪用した政敵倒し作戦が本格化し、標的となった保守派団体の結成者のみならず個人の参加者たちが、繰り返し国税庁の会計監査を受け、司法省から国内テロリスト扱いされて、FBIやアルコールたばこ火器爆発物取締局のエージェントに家宅捜査され、中小企業を経営するメンバーたちの工場やレストランは労働安全衛生局の度重なる抜き打ち検査にさいなまれ、不当な罰金を課せられました。そのため、筋金入りの保守派以外の人々は、へタに草の根保守団体や保守派政治家に寄付をして国税庁に襲われることを恐れて、保守派への寄付金が激減しました。

その後、政府機関による激しい嫌がらせにウンザリした人々が、共和党の議員たちに実情を伝え、2013年6月13日に下院で公聴会が開かれました。以下、保守派団体、トゥルー・ザ・ヴォウトの創設者、キャサリン・エンゲルブレクトが受けたいやがらせの実態を告げるテッド・ポー共和党下院議員(テキサス選出)の発言の一部です。

キャサリン・エンゲルブレクトというテキサス州ヒューストン在住の有権者についてお話ししたいと思います。彼女は、2010年7月、経営者である夫とともに、トゥルー・ザ・ヴォウトとキング・ストリート・ペイトリオッツという2つのグループを設立しました。2010年12月、FBI国内テロ対策部から、両団体の参加者について問い合わせがあり、2011年1月には、FBI国内テロ対策部が参加者の1人を調べ始めました。

同じく２０１１年1月、彼女の会社であるキャサリン・エンゲルブレクト・エンタープライズィズは、２００８年および２００９年の会計監査を受け、国税庁は彼女の団体を非営利団体と認めることを拒みました。

２０１１年5月、キング・ストリート・ペイトリオッツのメンバーがＦＢＩのオフィスに呼び出されて、何か報告することがあるのではないか?、と詰問されました。

２０１１年10月、国税庁は、トゥルー・ザ・ヴォウトのフェイスブックのメンバー、彼らすべてのツイート、誰にツイートしているかなど、家族に関するプライヴェートなことも含め、あらゆる個人的な情報を知りたがりました。キャサリンに関しては、彼女が話す予定のすべての場所、誰と話したか、集会参加者の名前、スピーチの内容を書いた記録などを知りたがりました。さらに、トレーニングは誰が行っているのか、トレーナーはどんな経歴を持っているのか、キャサリンの弁護士は誰か、弁護人はどんな経歴、資格の持ち主か、など約３００の質問に対する答えを要求しました。これらの約３００の質問事項は、後で公聴会議長に提出します。

この後、キング・ストリート・ペイトリオッツは6月、11月、12月に、ＦＢＩから電話でさらなる質問を浴びせられました。そして、２０１２年2月に国税庁は再び、トゥルー・ザ・ヴォウトを非営利団体と認めることに難色を示しました。

この時点で、私は司法省に、「この団体の人々は刑事犯罪の捜査を受けているのですか？」と、問い合わせました。司法省から、「彼らは犯罪捜査の対象ではない」という返事をもらいましたが、その後も同じ状況が続き、アルコールたばこ火器爆発物取締局、労働安全衛生局、テキサス環境局、そして国税庁の役人が彼女の会社にやって来ました。

ポー議員の実情報告からも分かるとおり、バイデン政権が今行っている〝政敵の支持者を国内テロリスト扱いして、政府機関を使って威嚇する〟という姑息な手段のお手本は、オバマが確立した手口だったのです（というか、偽バイデン政権を陰で操っているのはオバマなので、実際は、単にオバマがお家芸を復活させただけのことですが）。

２０１４年2月6日には、国税庁の威嚇行為に関する下院公聴会で、キャサリン・エンゲルブレクト自身が、「２０１２年に、私も夫も不在の時に労働安全衛生局が私の会社の点検に訪れ、点検結果に〝大きな問題はなかった〟と記録したにもかかわらず、2万ドル以上の罰金を課せられました」と証言しました。民主主義を謳うアメリカであるまじき横暴です！

テキサス人のキャサリンは、いやがらせを受けるたびに圧政に立ち向かう決意を固め、トゥルー・ザ・ヴォウトは国税庁を相手取って訴訟を起こしました。

２０１８年１月21日、この裁判で判事が、「申請者の氏名、団体、政治的観点に基づく偏見は憲法補正第１条の権利の侵害である。国税庁は悪意をもって犯した不正の罪を認め、原告の弁護士費用である１９０万ドルを弁償しなければならない」という判決を下しました。２０１９年６月10日、国税庁の上訴申請が却下され、トゥルー・ザ・ヴォウトの勝訴が確定しました。

しかし、毎度お馴染みのことながら、悪意を持って違憲行為を実行した国税庁、司法省、労働安全衛生局の役人も、ＦＢＩ、アルコールたばこ火器爆発物取締局のエージェントも、誰一人として罰を受けていません。ジャック・スミスに至っては、私がこの本を書いている時点で、「トランプを起訴した英雄！」として大手メディアで脚光を浴びています。

国税庁の役人たちが罰を免れたのは、状況証拠はあっても物的証拠がなかったからです。

２０１１年６月３日、保守派有権者からの請願書に応え、共和党の下院歳入委員会委員長が国税庁に免税申請記録提出要請書を送りました。しかし、その10日後にロイス・ラーナーのコンピュータが壊れ、その後複数の職員のコンピュータも機能不全になり、国税庁はＥメールを保存する会社、ソナソフトとの契約を打ちきりました。そのため、不正の原点であるロイス・ラーナーのＥメールが都合良く消えてしまい、ラーナーが違憲行為を指図した証拠を摑むことができなかったのです。この経緯は、ヒラリーのメールが消えた過程に似ています。

しかし、ＮＳＡはあらゆる通信を保管しているので、アメリカに正義が戻った後、ラーナーもジャック・スミスも投獄されるでしょう！

蛇足かもしれませんが、トゥルー・ザ・ヴォウトは、2020年の大統領選の不正を暴くドキュメンタリー、『2000ミュールズ』を制作した団体で、トランプ大統領は、折に触れてキャサリン・エンゲルブレクトを絶賛しています。

◆グリーン・ティラニー（緑の暴政）

オバマが武器化したのは国税庁や司法省、FBIだけではありません。

オバマは〝環境保護のため〟と称して環境保護局、土地管理局、農務省、食品医薬品局、海洋大気庁などに守ることがほぼ不可能な厳しい規則を作らせました。おかげで、アメリカの重工業は潰れて海外に流出し、石炭関連の業界も潰れ、アメリカ国内の石油産出量も放牧／森林伐採／採鉱／漁業が可能な土地／海域も激減しました。

2008年の大統領選挙キャンペーン中、オバマは、「私が大統領になったら、温暖化ガス排出に莫大な罰金を課すから、石炭や天然ガスを使う発電所は潰れるだろう」と宣言していました。環境保護派は、公約を実行したオバマを褒めちぎりました。しかし、ペンシルヴァニアやウェスト・ヴァージニア、オハイオ、ケンタッキーの炭鉱の街やミシガンなどの工業地帯、森林伐採や採鉱で知られるウィスコンシンなどでは失業者が溢れ、オピオイド（麻薬）中毒者数も激増しました。

〝環境保護〟を大義名分として掲げて政府機関を武器として使い、第1次産業と第2次産業に従事する人々を苦しめるオバマの政策は、グリーン・ティラニー「緑の暴政」と呼ばれるようになりました。

グリーン・ティラニーの最たる例は、2015年にオバマの環境保護局が制定したクリーン・ウォーター法です。この悪法は、私有地に雨水がたまってできた小さな池や水たまり、大雨の後にできた湿原までをも環境保護局の管理化に置き、一時的に湿原となった場所に牛が糞をした場合も〝水汚染〟の犯罪と見なし、牧場経営者に高い罰金を課しました。

オバマは、牧場に役人を派遣して抜き打ち検査をしていたので、牧場主は雨の後は牛の見回りに時間を取られ、自分の土地に自分の牛が糞をしただけなのに〝水汚染罪〟で訴えられた人々は、弁護士代で破産しそうになりました。

当時は、これはオバマが環境保護を重視しすぎるせいで起きたことだと思われていました。しかし、2023年7月現在では、少なくともアメリカ人の半数が、カバールの最終目的に気づいたので、**「オバマは牧場を潰して、人工肉や昆虫を食べる世の中に移行させようとしていたのだ！」**と思っています。

また、オバマ政権下の環境保護局と土地管理局は、森林保護のための規制を強化したため、野焼きを申請してから許可が下りるまでに4年もかかるようになってしまいました。そのせいで野焼きができなくなり、枯れ草や枯れ木がたまって、一度山火事が起きるとなかなか消火できなくなり、山火事の被害が増大しました。

これも、当時は、「自然を愛するオバマが森林や野生生物を守りたい一心で規制を強化したために起きた不幸な結果」だと思われていました。しかし、目覚めた人々は、これらがすべて国連（＝カバールのワン・ワールド化計画執行本部）が勝手に作ったアジェンダ21が目指す〝持続可能な世界〟（地球資源の99パーセントをカバールが独占し、平民をすし詰めの都市に閉じ込めて昆虫を食べさせる）を達成するための第1歩だったことに気づきました。

山火事で大きな被害を受けた州（とりわけカリフォルニア、オレゴンなどのブルー・ステイツ）は連邦政府から莫大な助成金（国民の税金）を得られるので、山火事は資金洗浄の道具としても役立ちます。2023年初夏に起きたカナダの大規模な山火事も、実際は複数の放火魔が逮捕されたにもかかわらず、バイデンもトルドーも「地球温暖化のせい」と言い張って、巨額の援助金を約束し、環境保護のための予算を増加する、と意気込んでいました。

さらに、オバマは保護海域を大幅に拡大して、漁業従事者に莫大な被害を与えました。こちらも、当時は、優しい心のオバマ様が海洋生物を守るために下した英断、と褒められていましたが、実際は、海の管理権を国連に委ねることを目的とした〝海洋法に関する国際連合条約〟を受け容れやすい環境を作るための根回しの一環でした。

オバマは、徐々にアメリカ人がアクセスできる土地（アメリカの国土）とアメリカが管理する海域を減らし、レオナルド・ディカプリオなどのスターたちに〝地球はみんなもの！〟と言わせ、アメリカが主権を捨てて国連が地球を管理（＝カバールが地球を独り占め）するワン・ワールドをアメリカ人に押し売りしていたのです。

私がいまだに納得できないのは、アニマル・ライツを支持しているはずのリベラルな人々が、環境保護の名を借りて動物の大殺戮を展開したオバマを糾弾しなかったことです。

オバマがアメリカ全土に大量に設置した風力発電の動翼《どうよく》は、アメリカのシンボルであるハクトウワシを含む鳥やコウモリを大量に殺していますが、リベラル派はまったく問題にしていません。森林伐採に反対して木に登って野生保護を訴えた女優のダリル・ハナも、野生生物保護分野での大御所、ロバート・レッドフォードやポール・マッカートニーも、ハクトウワシ殺しに関しては見て見ぬふりをしています。害虫を食べる鳥やコウモリが大量に殺されたせいで、農場に撒かれる化学的除虫剤の量が増えていることも、ヘルス・フード好きのリベラル派は完全に無視しています。

海岸沖に設置された風力発電機の振動・音波で、クジラやイルカが死んでいることも、まったく問題になっていません。問題を指摘した人々は〝コンスピラシー・セオリスト〟として小馬鹿にされ、学界から追放されています。

◆環境保護、地球温暖化防止はカバールの資金洗浄の道具

オバマの近衛隊としか思えない大手メディアが、しぶしぶ報道した唯一のリアル・ニューズは、ソリンドラ倒産スキャンダルでした。

オバマは大統領になるや否や、グリーン・ニューディール政策の一環として、クリーン・エネルギーや環境保護を促進する企業に巨額の資金援助を開始しました。政府のカネ（＝人々の税金）の割り振りを決めるために雇われたのは、オバマに大口の政治献金をしたスティーヴ・スピナーでした。2009年3月、エネルギー省の職員は、オバマ様のお墨付きであるスピナーの指図に従い、スピナー夫人が顧問弁護士を務めるソリンドラというソーラー・パネル会社に5億3500万ドルの融資保証を実施しました。2010年5月26日にはオバマがカリフォルニアにあるソリンドラを訪問して自画自賛の演説をしましたが、2011年9月1日にソリンドラは倒産しました。

その後の調べで、2010年後半にソリンドラが倒産寸前であることをオバマが知っていた

ことが分かりました。また、２０１１年にエネルギー省の役人たちが、ソリンドラが倒産寸前と知りながら、さらに4億６９００万ドルの支援金を与えようとしていたことも発覚しました。しかし、すでにソリンドラに流された巨額のカネの行方の詳細は、いまだに明らかにされていません。

２０１０年5月26日、ソリンドラでオバマが行った演説は、今あらためて聞き直すと、呆れます。特に呆れかえる部分をご紹介しましょう。

「私は週に1度はこのような場所を訪れ、実際にアメリカを復興させるという並外れた仕事をしている人たちの話をできるだけ多く聞くようにしています。今回、みなさんの工場を見学させていただき、みなさんが製造している驚くべき最先端のソーラーパネルや、その製造工程を見られたことに、感謝しています」

「クリーン・エネルギーへの投資は、環境にとって、国家安全保障にとって、そして経済的にも正しい選択です。そのポジティヴな結果がこのソリンドラです。わずか1年前、ここは空き地でしたが、アメリカ復興・再投資法の融資のおかげで、ソリンドラはこの新しい工場を建てることがでたのです」

「ソリンドラ社は１０００人の雇用を創出し、ソーラーパネルを製造して、アメリカ全土、そして世界中に販売します。この工場に部品や材料を供給するために、アメリカ各地で仕事が創出されています。つまり、波及効果があるのです。雇用創出はこの地域に限ったことではありません」

「ソリンドラは、毎年５００メガワットの電力を生み出すのに十分な量のソーラーパネルを製造することになっています。これは、８基もの石炭火力発電所に取って代わることができる電力量です」

「未来が到来したのです。私たちは、家庭や自動車、そしてビジネスの電力を供給する方法を変革する態勢を整えました。ここアメリカで、無数の新しい仕事、良い給料の中産階級の仕事を生み出すのです！」

これだけ盛り上げておいて、15ヶ月後に倒産とは！　当時カリフォルニア州知事だったアーノルド・シュワルツェネッガー、地方検事だったカマラ・ハリスも、オバマの演説を聴きながら拍手を送っていたことも、今思うと、うら寂しい気分になります。

オバマから巨額の資金援助を受けながら潰れたクリーン・エネルギー会社は、ソリンドラばかりではありません。約3億ドルもの援助を受けたA１２３を含む、少なくとも20社が２０１２年までに倒産しました。以下、倒産した会社と、オバマが惜しげもなく与えた支援金（国民の税金）のリストです。

●エヴァーグリーン・ソーラー（２５００万ドル）
●スペクトラワット（50万ドル）
●ビーコン・パワー（４３００万ドル）
●エナーデル（1億１８５０万ドル）
●フィスカー・オートモーティヴ（５億２９００万ドル）
●アバウンド・ソーラー（４億ドル）
●Ａ１２３システムズ（２億７９００万ドル）
●エコタリティ（1億２６２０万ドル）
●レイザー・テクノロジーズ（３３００万ドル）
●エナージー・コンヴァージョン・ディヴァイスィズ（１３３０万ドル）
●マウンテン・プラザ（２００万ドル）
●オルセンズ・クロップ・サーヴィス（１０００万ドル）
●レインジ・フュアルズ（８０００万ドル）
●トンプソン・リヴァー・パワー（６５０万ドル）
●スターリング・エナージー・システム（７００万ドル）
●アズール・ダイナミクス（５４０万ドル）

●グリーンヴォルツ（50万ドル）
●ノルディック・ウィンドパワー（1600万ドル）
●サットコン（300万ドル）
●コナーカ・テクノロジーズ（2000万ドル）

大手メディアがソリンドラのスキャンダルやオバマのむだ遣いを追及しないのは、環境保護と銘打った事業やプロジェクトがカバールの資金洗浄の道具であることを知っているからです。

先進国の政府が環境保護促進のための支援金としてクリントン／ソロス／ゲイツ／ロックフェラーなどの財団、NGOに与えたカネは、カバール派政治家への献金や選挙活動資金としてカバールに還元されていることは、左記のサイトで、みなさんがご自分の目で確かめてください。

https://www.opensecrets.org/

https://www.influencewatch.org/

オバマや左派が推している地球温暖化防止のための炭素税も、カバールの資金洗浄の道具です。

グリーンピースの共同創始者、ドクター・パトリック・ムーアは、環境保護に関する〝科学〟が左翼に乗っ取られたことを嘆き、「植物の食料である二酸化炭素は地球温暖化とは無関係で、現在の二酸化炭素のレベルは低すぎることが、科学的に証明されている」と言ってます。

環境保護に関する演説を何十回も行い、カーボン・ニュートラル政策を推奨し続けたオバマは、偽《にせ》科学を武器化した史上最悪の大統領です。

◆ファスト・アンド・ファリアス作戦

最後に、アルコールたばこ火器爆発物取締局、CIA、司法省を使ったグラディオ、ファスト・アンド・フュリアス作戦を、もう一度振り返ってみましょう。

まず、概要から。

オバマ政権の司法省とアルコールたばこ火器爆発物取締局は、メキシコの麻薬カルテルがアメリカから不法に銃を入手することを阻止しようとした。その手段の1つとして、アメリカの銃販売店からストローバイアー（銃を代理購入する人）が大量の銃を買うことを意図的に許し、銃を追跡して悪者を逮捕しようとした。追跡から逮捕に至るまでの経緯は、カルテルに銃を売る仲介者、あるいはメキシコに銃を運ぶ運び屋をアメリカ国内で逮捕するケースと、メキシコに渡った銃をメキシコの警察と協力して追跡し、カルテルのリーダーに渡った時点で悪者を逮捕するケースが想定された。このおとり捜査は、〝ファスト・アンド・フュリアス（fast and furious)〟と名付けられた。しかし、不本意なことに、多くの銃がメキシコに流れた後に追跡不能となってしまった。２０１０年12月14日、アメリカの国境監視員、ブライアン・テリーがメキシコからの不法入国者に撃ち殺された。彼を撃ったライフルがストローバイアーが買ったものだと発覚した後、ファスト・アンド・フュリアス作戦の存在が明らかになり、下院で公聴会が開かれたが、オバマは罰を受けることはなかった。この作戦が行われた約2年の間で、ストローバイアーたちはＡＫ‐47なども含む約２０００以上の銃を購入し、アメリカで３８９丁、メキシコで２７６丁の銃が回収された。ファスト・アンド・フュリアス作戦実行中、メキシコで銃犯罪による死者数が急増した。

これは、あくまでも大手メディアが伝えているお話です。

実際は、これも銃犯罪の脅威を煽って、銃規制を強化し、あわよくば銃を没収にこぎつけるためのグラディオでした。

下院公聴会で証言したアルコールたばこ火器爆発物取締局の内部告発者、ジョン・ドドゥソンは、「銃の追跡、ストローバイアーから銃を買った人間の監視が、打ち切られた。理由は告げられなかった」と証言しています。オバマは、悪者たちが銃を手に入れやすくするために、銃の追跡も銃購入者の監視もやめさせたのでしょう。

メキシコに銃を流出させたのは、「アメリカの銃がメキシコ人を殺している！」と吹聴して、憲法補正第2条で銃所持権が守られているアメリカを、世界一の悪者に見せるためです。

２０１０年5月19日に、メキシコのカルデロン大統領がアメリカの下院で演説し、「メキシコの麻薬カルテルによるヴァイオレンスを止めるために、アメリカの協力が必要です。半自動式銃の販売を禁止してください！」と訴えました。今から思えば、これもオバマと示し合わせた行動だったのでしょう。

オバマは、アメリカにわざと外圧をかけて、世論を銃規制強化に傾けようとしたのです。２００８年の大統領選キャンペーンでも銃規制強化を訴えていたオバマは、大統領になったその日から、アメリカを国連の武器貿易条約（通常兵器の国際移転を規制する条約）の締結国にさせようと画策していました。国連が１つの国から別の国への移転を規制しようとしている〝通常兵器〟には銃も含まれます。

アメリカからメキシコに流れた（＝移転した）銃で大量のメキシコ人が殺されれば、アメリカの銃所持権が国際問題にまで発展し、銃規制反対派をバッシングしやすくなります。こういう世論の流れを知り抜いていたオバマは、ファスト・アンド・フュリアス作戦でわざと銃をメキシコに流出させたのでしょう。国境監視員の死に報いるためにも、１日も早くオバマが投獄されますように！

第5章 アメリカ分裂作戦

◆レイス・ベイター・イン・チーフ（人種間抗争先導隊長）

2008年の大統領選中、オバマは「アメリカを1つにまとめる」と言っていましたが、これはとんでもない大嘘で、実際のオバマは人種、宗教、性的嗜好を使ってアメリカを分裂させることに精を出しました。

この章では、内部からアメリカを破壊するためにオバマが行ったアメリカ分裂作戦の一部をご紹介しましょう。

まず、人種戦争の種蒔きから。

オバマ政権は、「白人優越主義の理念に基づいて建国されたアメリカは、今もなお白人優越社会で、白人は人種差別主義者だ」と教えるCRT（クリティカル・レイス・セオリー）を、幼稚園、小中高校、大学、大学院で必須科目にしました。さらに、軍隊を含む連邦機関、大企業でもCRT講習会出席が義務づけられました。

トランプ政権誕生後も、オバマ支持者の教育省の役人たちが1619プロジェクト（アメリカは黒人奴隷が連れてこられた1619年以来ずっと白人優越主義の人種差別国家である、と教える教育）を推奨し、連邦・地方政府機関や大企業は、ホワイト・フラジリティ講習会（白人の特権を白人に自覚させる講習会）への出席を義務づけられました（詳細は『フェイク・ニューズメディアの真っ赤な嘘』参照）。

トランプ大統領が、このような白人差別教育を中断したものの、バイデン政権誕生とともに、CRTも1619プロジェクトもホワイト・フラジリティ講習会も復活しました。

これらの〝人種差別是正教育〟（＝白人弾圧教育）に、政府やさまざまな財団が巨額の助成金、寄付金を供給しているので、資金洗浄の道具としても役立っているのでしょう。

また、オバマは、連邦政府における雇用多様化政策（異性愛クリスチャン白人男性以外の人間＝非白人、LGBTQの人々を雇う政策）を採り、地方政府や大企業にもこの方針を押しつけました。オバマ政権のFAA（連邦航空局。航空管制を司る機関）は、採用試験第1次審査で、「高校で科学、数学が不得意だった」と答えた応募者を優先的に採用しました。その結果、「航空機のパイロットや空港の管制塔の管制官に白人が多すぎるのはテストが人種差別的だから」と見なされ、有色人を優遇するテストに切り替えたため、ここ10年の間、アメリカでは空港でのニアミスが多発しています。

オバマ政権下では、「黒人やヒスパニックが数学で高得点を得られないのは数学が人種差別的だからだ」と主張するリベラル派が主導権を握りました。そのせいで、公立学校は〝学校の成績の人種格差是正のため〟に代数教育をやめ、テストの数を減らし、白人やアジア人が多い私立学校と黒人やヒスパニックが多い公立学校の格差がさらに増しました。

さらに、オバマは、ことあるたびに「アメリカでは今でも黒人は差別されている」と、言い張りました。大手メディアは、白人警官が犯罪を犯した黒人を撃ち殺す事件が起きるたびに、実際は極めて希有《けう》な出来事であるにもかかわらず、「白人警官は頻繁に無実の黒人を銃殺している！」と吹聴しています。カバールの宣伝塔である大手メディアと協力して、オバマは一貫して警察機関を非難して、犯罪者である黒人を聖人のように描きました。そのおかげで、警察と黒人の間の溝がさらに深まり、非黒人警官は〝人種差別主義者〟呼ばわりされることを恐れて黒人犯罪者の取締りを自主規制し、ＢＬＭ率いる黒人暴動が激化しました（詳細は『フェイク・ニューズメディアの真っ赤な嘘』参照）。

アメリカでは、人種間のいがみ合いを煽る言動は、レイス・ベイティング race-baiting（人種をエサにする）、レイス・ベイティングをする人間はレイス・ベイター race-baiter と言われているので、保守派はオバマのことを Race-Baiter in Chief と呼んでいます。これは、Commander in Chief 最高司令官をもじった表現で、人種間抗争先導隊長、という意味です。

オバマが行った数々のレイス・ベイティング演説の中で最も卑劣だったのは、２０２０年の夏に亡くなった公民権運動活動家、ジョン・ルイス民主党下院議員の葬儀で述べた弔辞でした。ジョージ・フロイドの死後、アメリカ全土でBLMとアンティファが暴動、放火、略奪を繰り返し、民主党と大手メディアがトランプ大統領を人種差別主義者呼ばわりしている最中に行われた葬儀で、オバマはこう演説しました。（　）内は、私の注意書きです。

彼（ルイス）は、公民権確立のための行進がまだ終わっていないこと、まだ勝利を得ていないこと、人々が人格によって判断される社会にまだ到達していないことを知っていました。彼は、自分の人生経験から、進歩はもろいものであること、この国の歴史、私たち自身の歴史の暗い流れに警戒しなければならないこと、暴力や憎しみ、絶望の渦がいつでも再び立ち上がる可能性があることを知っていました。

ブル・コナー（黒人への暴力を支援したアラバマ州の警官）はもういませんが、今また警官たちが黒人たちの首を膝で押さえつけています。ジョージ・ウォレス（黒人差別政策を推進した元アラバマ州知事）はもういませんが、今、連邦政府が平和なデモ隊に催涙ガスを浴びせて警棒で打ちつけています。

今でも権力者たちは、投票所を閉鎖し、投票に身分証明書提出を要求し、郵便局の機能を低下させて、有色人種の投票妨害をしています。

（中略）

ジョンと私が最後に公の場で話したのは、ジョージ・フロイドの死をきっかけにこの夏のデモをリードしてきた若い活動家たちのバーチャル集会の席でした。その後、ジョンと個人的に話をしましたが、ジョンは、自由と平等のために立ち上がり、投票権を守ることに熱心な新世代、場合によっては政治家に立候補する新世代の活動家たちを、非常に誇らしく思っていました。

私は彼に言いました。「ジョン、あらゆる人種、あらゆる宗教、あらゆる背景、性別、性的指向のあの若者たちは、あなたの子どもたちだよ。彼らはあなたを手本として学んだのだ」と。たとえ歴史の教科書で彼の勇気について聞いただけだったとしても、彼らはジョンを通して、アメリカの公民権が何を必要とするかを理解したのです。

〝何千人もの名も無き執拗な黒人、白人の若者たちが、私たちの国全体を、建国の父たちが憲法と独立宣言に基づいて深く掘った、民主主義の偉大な井戸に引き戻しました〟

これは、キング牧師が１９６０年代に言った言葉です。この夏、それが再び達成されました。

大都市でも田舎町でも、老若男女、ストレートなアメリカ人、ＬＧＢＴＱのアメリカ人、平等な扱いを切望する黒人、抑圧される同胞の姿を目の当たりにして自分の自由を享受できなくなった白人が、キング牧師の言葉を実践する姿を、窓の外で見ることができます。

嘘もここまでつき通せるとアートですね。だから、保守派はオバマのことを〝ブルシット・アーティスト〟（嘘つきアーティスト＝嘘がうまいアーティスト）と呼んでいます。

能力主義を人種差別と批判して、人間を中身ではなくて肌の色で判断するCRTや雇用多様化政策を押し売りしたのはオバマです。自分の罪を棚に上げて、よくもまぁしゃぁしゃぁとこんなことが言えたものです！

BLMやアンティファの暴動を公民権運動と同列に並べた議論のすり替え、お見事です！

I have a dream. で始まる名演説で、キング牧師はこう言いました。

「私には夢があります。それは、いつの日か、不正と抑圧の熱で焼かれるミシシッピー州さえもが、自由と正義のオアシスに変わる、という夢です。私には夢があります。それは、いつの日か、私の4人の幼い子どもたちが、肌の色によってではなく、人格そのものによって評価される国に住む、という夢です」

キング牧師の夢を破壊して、子どもたちを「白人は人種差別主義者だ！」と洗脳し、肌の色で雇用を決めているのはオバマです。

ちなみに、ブル・コナーもジョージ・ウォレスも民主党員で、南部で黒人差別政策を採っていたのは民主党でした。

〝トランプ大統領が投票所を閉鎖し、郵便ポストを削除して郵便投票を阻んだ〟というのはフェイク・ニュースです。

オバマや左派は、「黒人は車を持っていないことが多いので、運転免許証がないから、投票に身分証明書の提示を迫るのは黒人差別だ！」と主張していますが、薬局で処方箋が必要な薬を買うときも身分証明書が必要で、運転免許証以外の身分証明書は簡単に入手できます。また、郵便局の無能を指摘して1万2000個以上の郵便収集ポストを削減したのはオバマでした。

オバマは、今もなお、レッド・ステイツが投票の際に身分証明書の提示を求める選挙法を制定するたびに、「黒人差別だ！」と怒りのコメントを発しています。このように、オバマが意図的に人種間の溝を深めるレトリックを発し続けている真の理由は、人種戦争を勃発させて、アメリカを内側から破壊するためです。

◆保守派のキリスト教徒を激怒させたオバマ

次に、オバマが繰り返したアンチ・クリスチャンの言動の中から、特にショッキングだったものをいくつかご紹介しましょう。

オバマは、さまざまな演説の中で何度か独立宣言を引用していますが、その際、their Creator 彼らの創造主、という一言を意図的に省いていました。独立宣言は、「すべての人は生まれながらにして平等であり、their Creator 彼らの創造主から侵されざるべき権利を与えられている、その権利には、生命、自由、そして幸福の追求が含まれている」と謳っています。しかし、オバマは独立宣言を引用するたびに、「すべての人は生まれながらにして平等であり、侵されざるべき権利を与えられている――」と言っていました。たった1度だけ省略《オミット》しただけなら、単に言い忘れたのかもしれない、と思えますが、少なくとも3度は省いているので、これは意図的な行為です。

オバマ支持者は、「非キリスト教徒に対する心遣い」と、オバマを褒めていましたが、保守派はオバマへの不信感を強めました。当時は、単に「オバマがムスリムに同情的なのだろう」と思われていましたが、これは信心深い保守派の反感を募らせて、アメリカ国内で宗教戦争を煽るための根回しだったのです。実際、2020年の大統領選で民主党が激しい不正を犯したときに、「神を畏《おそ》れぬ左派の不正を正して、大統領の座を奪還するために立ち上がろう！」と、最も声高に叫んでいたのは、まだ目覚めていない（＝この選挙がトランプ大統領のおとり作戦だったと気づいていない）保守派のキリスト教徒でした。彼らの多くは、銃携帯が許可されているレッド・ステイツに住む銃所有者です。目覚めた人々が彼らを説得して、デモや抗議行動を起こすことを思いとどまらせたので、大事に至らずに済みましたが、もし全米で大規模なデモが起きていたら、カバールは国連軍を差し向けて、アメリカを国連の支配下にしていたことでしょう。

2013年にオバマの司法省が行った暴挙も、南部ではいまだに語り継がれています。エリック・ホルダー司法長官は、長年に渡って連邦政府から支援金を支給されていたルイジアナの非行少年救済プログラムへの資金援助を停止しました。理由は、「プログラム参加者がキリスト教の祈りを捧げているので政教分離違反だから、公的資金を当てがうことはできない」というものでした。

1958年に設立されて以来、2013年までに1万人以上の青少年を助けてきたこのプログラムは、キリスト教を布教していたわけではありません。単に、ルイジアナという土地柄、参加者が全員クリスチャンだったので、子どもたちに自尊心と他者に対する敬意を養わせるために信仰心をうまく活用しただけのことでした。

この後、民間からの寄付がこのプログラムを支えてくれたので、ルイジアナの子どもたちの非行防止活動に大きな被害が及ぶことはありませんでしたが、オバマの司法省の極端なアンチ・クリスチャン政策に保守派キリスト教徒が激怒しました。

オバマは、軍隊にも圧力をかけて、米軍からキリスト教を完全に追放しました。

私の隣人の退役軍人たちを激怒させた事例の、ワースト3をご紹介しましょう。
●戦死者の遺族を慰めるためのキリスト教の祈りを禁じた。
●戦争捕虜・行方不明兵を悼《いた》む展示品の中から聖書を取り除いた。
●クリスマス前に空軍基地に兵士が自主的に飾ったイエス誕生を祝う飾りを撤去させた。
今から思えば、これらはすべて、キリスト教徒、とりわけキリスト教徒の軍人や退役軍人の反感を煽るための意図的な行動だったのです。

◆幼稚園・小学校での行き過ぎたLGBTQ性教育

LGBTQ性教育の押しつけも、主犯はオバマです。

現在のアメリカで問題になっている幼稚園・小学校での行き過ぎたLGBTQ性教育を始めたのもオバマでした（性教育の詳細は『フェイク・ニューズメディアの真っ赤な嘘』参照）。

2007年、上院議員になって3年目ですでに大統領に立候補したオバマは、大口の献金をしてくれるプランド・ペアレントフッド（中絶斡旋組織）の後押しを得て、幼稚園からの性教育を公約の1つとして掲げていました。この時点では、「園児に性教育を義務づけるわけではなく、親が不参加を選択することもできるようにする」と言っていましたが、実際にこの方針が採択された後は、幼稚園も学校も親に知らせずにＬＧＢＴＱの性教育を始めました。

そのため、２０２０年にコロナウイルスのパンデミック中に、子どもたちが家でスカイプやズームで授業を受けるようになるまで、親は性教育の実態にまったく気づきませんでした。授業をかいま見た親たちが学校に文句を言い、ブログなどで警告を発した後、幼稚園からのＬＧＢＴＱ性教育がアメリカ全土で大問題になり、今に至っています。

オバマ政権が推薦した本の中で、特にショッキングなものをいくつかご紹介しましょう。

小学校低学年の推薦図書、『リフレクションズ・オヴ・ア・ロック・ロブスター』は、ゲイの男性が、子ども時代を振り返る話で、6歳で同級生（小学校1年生）の男の子にフェラチオをしていたことなどが美談として描かれています。記述の一部を見てみましょう。

「僕は忙しい同性愛者の子供時代を過ごしたが、どういうわけか幼児期に性病にかからずに済んだ。小学校1年生になる頃には、たくさんの友だちと性行為をした。実際、僕たちの小さなグループは、定期的に小学校のトイレに集まり、お互いにフェラチオをし合っていた。典型的な1週間のスケジュールは、月曜日の昼休みにアーロンとマイケル、火曜日の放課後にマイケルとジョニー、水曜日の昼にフレッドとティミー、木曜日の放課後にアーロンとティミーだった。誰も捕まったことはなく、最初から心配したこともなかった。僕たちは皆、自分たちのしていることが大人と気軽に話し合うべきことではないことだと理解し、楽しい秘密活動のようなものだと思っていた。誰一人として後ろめたい気持ちはなく、みんなやっていることだと考えていた」

中学生の推薦図書、『クイアー13』は、13歳でレイプされた後にセックスに芽生えていく少年の成長過程をポジティヴに描いています。トイレでレイプされたことがきっかけで、自分が同性愛者だと気づいていく様子の描写を読んでみましょう。

「この出来事の後、僕は男性を避けるべきだったのに、僕は以前より混乱して、もっと男性を欲するようになった。ある日、僕の人生を変えるような出来事が偶然起きた。公衆トイレで、他人のペニスを実際に見ることができることを発見したのだ。僕は有頂天になり、恐怖を感じたが、もっと見たいと思った。ある日、地元のショッピングモールのトイレでペニスをこっそり見ていたら、男が僕のほうを向いて、自分のペニスをいじり始め、「こっちへ来い」と合図をした。僕はショックを受けて、ジッパーを閉めて出て行った。しかし、これ以降、トイレ・セックスの世界が、僕の前に広がっていった」

中高生の推薦図書、『パッセジズ・オヴ・プライド』には、15歳の少年、ダンが同性愛者としてのプライドを持つようになる過程が描かれています。ダンが新聞広告で知り合ったゲイの大人、トムとセックスをするシーンを見てみましょう。

「トムのライトバンの荷台で、2人はセックスをした。（中略）ダンは夏から翌年にかけてトムとの関係を続け、トムのライトバンやミネアポリスのアパートでセックスをした。トムはダンの2倍近い年齢だったが、ダンはトムに脅威を感じず、2人の年齢の差に怯《ひる》むこともなかった」

中高生の推薦図書、『グロウイング・アップ・ゲイ／グロウイング・アップ・レスビアン』は、タイトル通り、ゲイ／レスビアンとして育った人々の話です。12歳の頃の思い出を語るゲイの男性、エリオットの話を見てみましょう。

「〝12歳くらいのとき、デレクが僕の部屋に入ってきて、僕がティミー・ムセオといちゃいちゃしているところを目撃したんだ。彼は、《ごめん！》と言って、ドアを閉めた〟

フィリップは愕然として、こう言った。〝12歳のときに男の子とイチャイチャしていたのか？〟

〝11歳だ〟とエリオットは言った。〝デレクに見られたのが12歳のときだった〟

〝じゃあ、初めてセックスしたのは何歳のとき？〟

エリオットは肩をすくめた。〝セックスの定義によるよな。オーガズムが基準なら、12歳。アナルやオーラルでの挿入が必要なら、15歳だ〟

〝相手はティミー・ムセオ？〟

〝いや、違う〟とエリオットは言った。〝ティミーはその頃、ガールフレンドがいた。僕の初

中高生向け"推薦図書"『レヴォリューショナリー・ヴォイスィズ』の中で、ボーイ・スカウトの少年と青年がアナル・セックスをする２人の男性を見ている挿絵

A Process of Change, etching, 38 x 35.5 cm, 1999

過激なクィアの若者によって作成されたアンソロジー『レヴォリューショナリー・ヴォイスィズ』

体験はもっと年上の男性で、デレクの友人だった。彼とジェフリーはそのことを知らなかった。おそらく今も知らないだろう〟

〝年上って何歳くらい？〟

〝僕が15歳のとき、彼は29歳か30歳だったはずだ。今の僕の年齢だ。デレクとジェフリーが留守にするとき、彼はいつも家に来て泊まってた〟

〝彼は君を誘惑したの？〟

〝僕が彼を誘惑した〟とエリオットは言って、笑った。〝彼は私と同じぐらい長い間ずっとセックスをしたがってたんだけど、デレクに知られたら法定強姦か何かで送検されるんじゃないか、と、恐れていたんだと思う。15歳の頃の僕はモテモテだった。僕はずっと彼にマッサージを頼み続けて、うぶな少年のふりをしてた。それで、遂に彼はもう我慢できなくなったのさ。ワイルドな夜だった。僕たちは全部やり尽くした〟」

中高生の推薦図書の1つ、『レヴォリューショナリー・ヴォイスィズ』には、ボーイ・スカウトの少年と青年がアナル・セックスをする2人の男性を見ている挿絵が含まれています。

これらの推薦図書は、同性愛に対する偏見を無くして、同性愛の子どもたちに自信と自尊心を植えつけるために役立つ、という触れ込みで、児童心理学者たちも太鼓判を押して薦めていました。実は、保守派以外のアメリカ人は、日本人と同様に権威に弱く、〝名門大学出身〟という肩書きを持つ人の前で、平伏してしまうことが多いのです。

オバマはハーヴァード出身で、オバマ政権の教育省で右記の本を推薦したケヴィン・ジェニングズは、ハーヴァード大学卒業後、コロンビア大学教育学部でも学位を取得し、さらにニューヨーク大学で経営学修士号も取っています。ですから、保守派以外のアメリカ人は、「これほどの肩書きを持つ人が推薦しているのだから、同性愛差別是正に役立つ本に違いない」と、吟味することなしに、これらの本を受け容れていました。

パンデミックのおかげで本の内容が分かった後、アメリカ全土の親たちがそれぞれの学校区の集会に押しかけて、過剰LGBTQセックス推奨教育を止めろ！、と訴えましたが、バイデンの司法省とFBIにテロリスト扱いされ、逮捕された親もいます（詳細は『フェイク・ニューズメディアの真っ赤な嘘』参照）。

今のところ、レッド・ステイツでは、これらの推薦図書を図書館から排除する学校区が増えているものの、大手メディアが「まるでナチス・ドイツによる焚書《ふんしょ》のようだ！」と、激しい批判を繰り返しているため、まだ目覚めていない人々はいまだにこれらの本が同性愛者庇護のポジティヴな本だと勘違いしています。

左派がいかに弁護しようが、これらの本は6歳の子どもの同性愛セックスや子どもと大人の同性愛セックスを擁護、推奨、通常化するためのサイオプの道具に他なりません。そして、**オ**

バマが子どもに同性愛を押し売りするのは、同性愛者のカップルは自然な手段では子どもを作れないので、同性愛者が増えれば人口削減に役立つからです。

◆トランスジェンダー推奨策はカバールの人体実験

私は、同性愛の友だちが多く、親戚にも同性愛の人がいるので、同性愛に対して何の偏見も持っていません。同性愛者は生まれながらに同性愛なのだと思うので、同性愛を治そうとする動きにも反対です。しかし、過度に同性愛を美化して、園児や小学生にまでＬＧＢＴＱの性教育を押しつけて、異性愛者として生まれた子供を洗脳して同性愛者に仕立て上げようとするサイオプには反対です。

しかし、このサイオプは、トランスジェンダー推奨策と比べたら、まだまだかわいいものです。

オバマは、まず手始めに、トランスジェンダーの生徒が望むトイレを使わせることを公立学校に要請しました。左派が圧倒的多数を占める教員組合や大学の教職員たちは、〝自分がトランスジェンダーだと自覚した人間がトランスジェンダー〟と定義しているので、ペニスを備えた男子も〝トランスジェンダーの女子です〟と自己申告すれば、女子トイレや女子更衣室を使えるようになりました。この後、オバマ政権の「LGBTQ差別もタイトルⅠX法（学校、教育現場における性差別を禁じる法律）違反とみなす」という指令を受けて、ブルー・ステイツの学校ではトランスジェンダーの女子のスポーツ選手が女子の競技会に出られるようになりました。

トランプ政権下では、この指令が撤回されましたが、ブルー・ステイツでは幼稚園の園児にまでトランスジェンダーの魅力を教える洗脳教育が続きました。バイデン政権誕生後のブルー・ステイツでは、トランスジェンダー推奨政策に拍車がかかり、カリフォルニア州やヴァージニア州は、トランスジェンダーだと自認した子どもの性転換手術や医療措置を拒む親を〝児童虐待〟で訴追する法案が提出されています。

オバマがトランスジェンダーを推している理由は2つあります。1つは、カバールが崇拝するモーロック（生贄《いけにえ》を要求する悪魔）が男性にも女性にもなれる性別を超えた（＝トランス・ジェンダー）存在で、カバールの人間やカバールの手下たちがトランスジェンダーを崇拝しているからです。もう1つは、トランスジェンダーの男性は卵巣や乳房を切除し、トランスジェンダーの女性はペニスなどを除去するので、子どもができなくなり、人口削減に役立つからです。

オバマ以降のアメリカでは、トランスジェンダーの子どもの性転換を推奨するスローガンとして、I'd rather have a living son than a dead daughter/a living daughter than a dead son.

「死んだ娘より生きている息子／死んだ息子より生きている娘を持つほうがまし」が使われています。トランスジェンダーの子どもに自殺されるより、性転換して死なずにいてもらうほうがいい、という意味です。

確かに親としては、性転換をして生き続けてもらうほうが、自殺されるよりはマシでしょう。しかし、子どもの頃に性転換措置を受けて男性になった後、男性ホルモン投与過多による若ハゲで落ち込んでいる人や、女性になっても自分が想像した美の基準を達成できずに鬱病になった人など、性転換後も幸せになれない人がたくさんいることが明らかになっています。性転換手術自体は大昔から行われていましたが、未成年を対象にした性転換手術や別性への移行措置はつい最近始まったことなので、長い目で見た場合にどんな副作用が出てくるのか、まだ分かっていません。つまり、トランスジェンダーを美化するオバマの甘い言葉に乗せられて、今、手術を受けている子どもたちは、カバールの人体実験の素材以外の何物でもないのです。

オバマがトランスジェンダーを美化したことで、自分がトランスジェンダーだと思い込んで性転換手術をした子どもたちが、その後、精神病になったり自殺をしたりしたら、オバマに落とし前をつけさせるしかないでしょう。

◆米軍にトランスジェンダーを浸透させたオバマ

軍隊のトランスジェンダー受け入れを義務化したのも、やはりオバマでした。

オバマ政権の依頼を受けてランド・コーポレイション（カバールの出先機関）が行った調査で、以下の結果が出ました。

「トランスジェンダーが公然と兵役に就くことを認めても、〝コストはほとんどかからず、部隊の即応性にも大きな影響はない。２４５０人の現役兵士がトランスジェンダーであると推定され、毎年65人前後が性転換を目指すと予測される。その手続きにかかる国防省のコストは、年間２９０万ドルから４２０万ドルであると推定される。国防総省が性転換措置の費用を負担しない場合、軍人は性転換を希望せず、その結果、薬物乱用や自殺の割合が高くなる可能性がある」

これまた、「自殺されるより、ちょっとカネがかかっても性転換させたほうがマシ」という論理です。

軍人の性転換手術支持派は、「国を守ってくれる兵士に、彼らが希望する措置を提供するのは国家の義務だ」と、やけに愛国心溢れるコメントを発しています。しかし、これは、「そもそも精神的にも肉体的にも強い人間が軍人になる」という大前提を無視した似非《えせ》理論です。トランスジェンダーの悩みを抱えて精神的に不安定な人や、長期にわたる性転換治療を受けて肉体的に弱体化している人間は、軍人という職種には不適切です。目が悪い人が戦闘機のパイロットになれず、閉所恐怖症の人が潜水艦の乗組員になるべきではないのと同じです。

しかし、オバマには常識は通じません。オバマとカバールは、〝多様性とエクイティ〟を合い言葉に、軍隊にもトランスジェンダーを浸透させるための基礎を固めました。その理由は、ただ1つ。米軍を弱体化させて、アメリカを守れなくするためです。

アメリカ人の半数、及び日本人の大多数が、いまだにオバマを崇拝していますが、**オバマは、近代の政治家の中で最も邪悪で危険な人物です。**

女癖が悪いクリントン、見るからにイヤミ女のヒラリー、悪党面のチェイニー、無能なブッシュ、底意地が悪そうなマケイン、揚屋《あげや》の女将《おかみ》みたいなペロシ、影響力の仲買人としてしか機能できないバイデンと比べ、オバマは抜群の演技力で〝いい人〟のふりをし続けてきました。おかげで、人々はオバマにすっかり騙され、「ハーヴァード出のインテリで、しかも政治家には珍しくいい人のオバマ様が薦めることだから、CRTもLGBTQ性教育もトランスジェンダーのプロモートも、いいことに違いない！」と、オバマの邪悪な政策をすんなりと受け容れてしまったのです。他の政治家では果たし得なかった離れ業を、オバマがいとも簡単に成し遂

米軍の軍人たちにトランスジェンダーを浸透させたのもオバマ

げたのは、オバマが多くの人々から信頼され、しかも好感度が高かったからです。

詐欺師が騙せるのは、詐欺師の言うことを信じた人のみだ、ということを忘れてはいけません。

カバールの一番弟子、オバマの見事なサイオプに騙されている人々に、オバマの正体を教えてあげてください！

最後に、『フェイク・ニューズメディアの真っ赤な嘘』にも書いたことですが、ここでもう一度〝エクイティ〟に関して説明しておきましょう。

エクイティ equity は、日本語では「公平、公正、平衡」と訳されていますが、イクアリティ equality「平等」とは似ても似つかない不公平なイデオロギーです。

異なる身長の人々を同じ高さの踏み台に乗せるのは、イクアリティ、平等です。一方、異なる身長の人々を同じ背の高さにするために、背の低い人は高い踏み台に乗せ、平均的身長の人には踏み台を与えず、背が高い人は穴の中に立たせることが、エクイティです。これに輪をかけて、背の低い人を基準にして、平均身長の人を穴の中に立たせ、背の高い人をさらに深い穴の中に立たせる、という方法でエクイティ達成を目指すのがＣＲＴです。

従来のアメリカが求めているイクアリティは、機会均等な社会です。王族が存在する旧体制と異なり、誰もが均等な機会を有するからこそ、アメリカはグレイトなのです。これに対し、カバールが最終的に目指しているのは、努力を嫌う上昇志向のない人間を基準にして、彼らへの差別を無くすために、世界人類全体が自らの意志で貧しい奴隷になり、〝みんな平等なワン・ワールドが達成できた！〟と満足する世界です。

オバマと偽バイデン政権（＝オバマの3期目）の政策で、アメリカは日に日にワン・ワールドに近づいていますが、トランプ大統領がカム・バックし次第、アメリカに自由と真の平等が戻って来ます！

第6章 不法入国の合法化

◆オバマの大罪――DACA

カバールは、ワン・ワールド達成のために、まずヨーロッパを統合してEUを設立し、その次にアメリカ、カナダ、メキシコを統合してノース・アメリカン・ユニオン（北米連合）を作るつもりでいました。

北米連合は、2005年に外交問題評議会（カバールの外交政策執行部）が提案し、息子ブッシュはカバールの国境廃止作戦の第1歩として、不法移民に甘い政策を採択しました。ブッシュは、これを不法移民に優しい〝同情的保守主義〟と呼んでいましたが、民主党の支持基盤である労組のみならず、法と秩序を重んじる保守派からも批判され、息子ブッシュは北米連合をごり押しできなくなりました。

カバールがアメリカに不法移民を入れたがる理由は、

- 安い労働力で労働市場を満たして、アメリカの労働者階級を潰す。
- 不法移民援助のために増税して、アメリカの中産階級を潰す。
- アメリカの経済を破綻させてCBDC中央銀行デジタル通貨を導入する。
- 不法移民の子どもたちの世話に追われる学校を増やして教育レベルを低下させる。

●不法移民の子どもをセックス、臓器・アドレノクロム取得のために売買する。
●不法移民に選挙権を与えてカバール派政治家に投票させる。
●英語を話さずアメリカに対する愛国心のない人間をマジョリティにして内部からアメリカを崩壊させる。

などで、決して不法移民に対する同情心からではありません。

しかし、ブッシュに騙された福音主義者の一部と、元もと不法移民受け入れ派だった中産階級や金持ちの左派が、不法移民受け入れを人権問題だと信じこんで、ブッシュ政権末期にはアメリカ人の約半数が〝国境のない世界〟にポジティヴなイメージを抱くようになっていました。

そこに登場したのが、カバールの御曹司《おんぞうし》、オバマでした。

オバマは、2008年の大統領選キャンペーンで公約の1つとしてアメリカ、メキシコ、カナダの結束強化を謳い、当選後は、国境廃止作戦の一環として不法移民受け容れを訴え続けました。しかし、世論の大反対にあって不法移民関連の法案が通せなかったため、2012年に若年移民に対する国外強制退去の延期措置（Deferred Action for Childhood Arrivals 略してDACA）という大統領令を発して、16歳未満の不法入国した不法移民に対して、強制国外退去処分を延期し、就労許可を与えました。

オバマは、DACAの対象となる不法移民のことをドリーマー（夢見る人）と呼び、テレビ・ドラマやトーク・ショウがこぞってドリーマーに同情的な番組を作り、不法移民受け容れ賛成の世論作りに肩入れしました（芸能界が行った不法移民受け入れのサイオプの詳細は『ハリウッド映画の正体』参照）。

２０１３年には、親族の同伴なしに不法入国する子どもが激増し、オバマは子どもの不法移民に対処するために37億ドルもの予算を費やしたにもかかわらず、不法入国後の子どもたちの追跡調査を怠りました。そのため、どれだけの人数がセックスや臓器移植のために人身売買されたか、いまだに分かっていません。

しかし、このような情報は大きなニュースにはならず、ハリウッドのサイオプが功を奏して大方のアメリカ人が、「オバマは親族の同伴なしでアメリカに渡ってきた子どもたちも受け容れた心優しい善人だ！」と、いまだに信じ切っています。

そのため、人身売買防止とカバールのワン・ワールド阻止のために国境に壁を建てたトランプ大統領は、人種差別主義者！、と激しく非難されました。大手メディアは、ご丁寧に、不法移民の子どもたちが金網の檻の中に収容されているオバマ時代の写真に、「トランプは子どもたちを檻に入れている！」というキャプションをつけてフェイク・ニューズを拡散し、シープルがこれを鵜呑みにしました。また、子ども連れの不法移民にトランプ政権がＤＮＡテストを義務づけたときも、ソロスの資金援助を受けた偽《にせ》人道主義団体から〝人種差別！〟と非難されましたが、これは、子どもを連れてきた人間が人身売買斡旋《あっせん》業者ではないことを確認するための人道的な措置でした。

◆ユーゴスラヴィア紛争の真実

オバマが犯した罪はＤＡＣＡばかりではありません。オバマは、私設移民斡旋業者の国際移住機関 International Organization for Migration（ＩＯＭ）を国連の中に組み込んで、多額の支援金を与えました。天災や戦争による難民の移住の他、地球温暖化防止にも力を入れているＩＯＭの２０２１年の収益は25億ドル！　ソロスなどの資金援助も受け、さまざまなＮＧＯに援助金を与えているので、資金洗浄の道具としても役立っています（国連が、カバールが目指すワン・ワールドの原型であることは、『フェイク・ニューズメディアの真っ赤な嘘』で詳しく説明してあります）。

ＩＯＭは、ユーゴスラヴィア紛争の最中に、現地で国連やＥＵと協力してさまざまな救済活動をした、とされています。しかし、２０２２年にカナダ政府が機密扱いを解除した書類で、この紛争がＣＩＡにそそのかされたイゼトベゴヴィッチ（ムスリム指導者、ボスニア・ヘルツェゴビナ大統領）が率いるムスリムが仕組んだ偽旗工作だったことを、国連軍もＥＵの役人たちも知っていたことが明らかになっています。

アメリカでも日本でも、ミロセヴィッチ率いるセルビア人が民族浄化をしてムスリムを虐殺した、と信じ切っている人がいまだに多いのですが、実際は、ミロセヴィッチは平和的解決を望み、ムスリムに攻撃を受けたときに反撃しただけでした。イゼトベゴヴィッチ率いるムスリムがムスリムを殺してセルビア人に濡れ衣を着せ、フェイク・ニューズが〝セルビア人が民族浄化をしている！〟と吹聴し、セルビアを悪者に仕立て上げて、NATOのセルビア空爆を正当化した、これがユーゴスラヴィア紛争の真実です。

クリントン政権は、戦争を可能な限り長引かせてユーゴスラヴィアを破壊し、独立心の強いセルビア人を叩きつぶして消し去ろうとしていました。つまり、セルビア人の〝民族浄化〟を企んでいた、ということです。この計略の片棒を担いだイゼトベゴヴィッチが度重なる和平交渉を拒絶し、ミロセヴィッチがいかに譲歩しようが停戦に至ることができなかったのです。ムスリム軍は堂々とセルビアの領地に侵入して、セルビア人を攻撃し続け、1992年後期には、CIAやMI6のトレーニングを受けてアフガニスタンなどで戦っていたムジャーヒディーンがユーゴスラヴィアに乗り込んで、セルビア攻撃が激化しました。しかし、メディアは、これを〝ムスリムのレジスタンス〟と伝えて、ムスリムによるムスリムの虐殺をセルビア人のせいにして、ムスリムに対する同情心とセルビア人に対する敵意を煽りました。ムスリムが使っていた兵器は、アメリカのC－130ハーキュリーズによって空輸されていました。

国連もEUもこの事実を把握していながら、〝邪悪なセルビア人に虐殺されるムスリム〟を助けるふりをしていたのですから、あきれたものです。

国連やEUが知っていたことを、国連やEUと協力していたIOMが知らなかったはずはありません。IOMは〝難民援助〟を隠れ蓑《みの》にして、偽旗工作の戦争で生じる難民の人身売買を斡旋する〝人体の商人〟です。これは、児童保護サーヴィスという州政府機関が、〝児童保護〟を隠れ蓑にして貧しい家庭から子どもを取り上げ、里親を装う人身売買業者に渡しているアメリカの現状に酷似しています（この実情を追及しようとしたジョージア州上院議員、ナンシー・シェイファーは、2010年に謎の死を遂げました。〝夫に射殺され〟、夫も銃で胸を撃って〝自殺〟した、とされています）。

IOMは、現在はウクライナからの難民の移住を助けていますが、英国ではウクライナからの移住者がセックス用人身売買の犠牲者になるケースが多いことが問題になっています。IOMは、戦争孤児などの難民を救うふりをして、難民受け容れ者を装う性犯罪者にセックス素材を引き渡しているポン引きです。世界中の政府から支援金を得て、堂々と悪事を遂行できるのは、オバマのおかげで国連の機関に昇格したからです。人道主義の仮面をかぶって、世界各国の人々の税金を遣って悪事を働くIOMは、悪人の集団であることを隠さないコヨーテ（人身売買カルテル）よりたちが悪い！　国連の傘下《さんか》で人身売買をグローバル組織化したオバマは人道に対する犯罪者として処罰を受けるべきです。

ちなみに、2023年1月10日、バイデンはカナダのトルドー、メキシコのオブラドールと北米宣言（Declaration of North America 略してDNA）を発表し、3国の安全保障、繁栄、持続可能性、包括性を強化する決意を表明しました。わざとこれ見よがしにDNAという略語にしているあたりも、シンボルにこだわるカバールならではです。

◆映画『サウンド・オヴ・フリーダム』主演ジム・カヴィーゼルの証言

後半は、大手メディアで報道されない子どもや女性の不法移民の実態をお伝えしましょう。

まず、2023年夏の大ヒット作品、児童売買の実態を描いた映画『サウンド・オヴ・フリーダム』で、児童売買カルテルから子どもたちを救うヒーロー、ティム・バラードを演じたジム・カヴィーゼルのインタビューを見てみましょう。

ティム・バラードは実在の人物で、国土安全保障省のエージェントを務めた後、現在は有志を集めて、カルテルに売られた子どもたちを救出する活動を行っています。

以下、ジムが役作りにあたって、ティムや移民税関捜査局のエージェントなどから教わった裏の世界の恐るべき実態の一部です。

●人身売買は毎年1520億ドルのカネが動くビッグ・ビジネスで、アメリカでもメキシコでも汚職まみれの役人や政治家、FBIやCIAなどの一部の人間たちに守られているため、なかなか罰することができない。

●1人の子どもに1日10人の客を取らせ、毎日2万ドル儲けることができる。

●子どもはセックスのみならず、アドレノクローム提供者としても使われている。

●使い物にならなくなった子どもは、殺されて臓器を摘出される。

●臓器摘出後の死体の残り（血液、皮膚、骨、筋など）も、1バレル7万7000ドルで、ウクライナを含む世界中のバイオラボに売られている（石油は1バレル約77ドル）。

●カルテルが高性能の銃器を持っているのは、オバマがファスト・アンド・フュリアス作戦で、意図的に悪者に銃を与えたからだ。

人身売買でカルテルが儲けた金が政治家への賄賂として使われていることは、ロバート・デイヴィッド・スティールが大昔から言っていたことですが、長い間〝コンスピラシー・セオリー〟として片付けられていました。しかし、2023年2月23日に、ハリス／セイラー法律事務所の調査員、ジャクリーン・ブレガーがアリゾナ州で行われた不正選挙に関する公聴会で、メキシコのカルテルがアリゾナの判事、警察、政治家、役人を買収している、と証言しています。ブレガーは、カネの流れを追った記録をFBIと2020年までアリゾナ州知事だったダグ・ドゥーシーに提出しましたが、残念なことに何の対応策も採られませんでした。しかし、買収の経緯は記録されているので、トランプ大統領復帰後、あるいは軍事法廷で正当な裁判が行われれば賄賂を受け取った人間たちを投獄できます。

◆オバマやバイデンが不法移民の子どもを歓迎する真の理由

次に、2023年4月26日に行われた不法移民に関する下院公聴会に、内部告発者として出席した保険福祉省のタラ・リー・ロダス検査官の証言の一部をご紹介しましょう。

「私の目標は、行方不明者8万5000人を含む移民の子どもたちを保護することです。今日、子どもたちは密輸業者や人身売買業者への借金を返すために、屠畜場《とちくじょう》や工場、レストランで夜通し働かされ、セックスのために売られ、虐待を受けています。この10年近く、同伴者のいない子どもたちは、人目に触れないところで苦しんでいます。

精密なネットワークを通じて人身売買されてアメリカに密入国した子どもたちは、難民再定住オフィスによって身元引受人のもとに送られますが、身元引受人が国際犯罪組織の人身売買業者や犯罪者である場合もあります。また、子どもたちを商品と見なし、収入を得るための資産として利用する身元引受人もいるため、人身売買が爆発的に増加しているのです。

アメリカ政府は、図らずも数十億ドル規模の児童売買の仲介者になっています。

アパートに、20人、30人、40人もの子どもたちが詰め込まれていることもあります。複数の難民再定住オフィスに、複数の子どもの引き取りを要請している身元引受人や、複数の住所を使って、複数の子どもたちの引き取りを申し出る身元引受人もいます。自分が借金を負っていて、返済が終わるまで身元引受人のもとにとどまらなければいけないことを知っている子どもたちもいます。

私たちは、子どもたちにアメリカン・ドリームを与える代わりに、邪悪な支配者のもとに子どもたちを送って、現代の奴隷として働かせているのです。不法入国してくる子どもたちは、法執行機関へ通報する手段もなく、自分たちの権利も知らない囚人です。彼らは、強要され、搾取され、虐待され、なおざりにされ、売買されています」

カバールの偽《にせ》情報拡散機関であるウィキペディアさえも、「不法入国する子どもたちの多くがレイプされている」と書いているので、不法移民の子どもをオバマやバイデン（のマスクをかぶった役者）が歓迎する真の理由は、もう隠しきれないでしょう。

◆イスラム国が起こした難民の流入でヨーロッパも内側から破壊する

不法移民は、アメリカを内部から崩壊させるための道具でもあります。

２０２３年６月には、下院国土安全保障委員会のマーク・グリーン委員長が、「中国がメキシコ国境から中国人兵士をアメリカに送り込んでいる」と発言しています。２０２２年10月以来、少なくとも1万人の中国人がアメリカに不法入国していて、その多くは青年です。

ロバート・デイヴィッド・スティールは、不法移民の子どもは人体実験の材料や悪魔崇拝儀式の生贄《いけにえ》、カバールの人間たちが娯楽として行うヒューマン・ハンティング・パーティの獲物としても使われている、と言っていました。２０２０年に削除されたロバートの YouTube のチャンネルには、悪魔崇拝儀式を目撃した子どもの証言ビデオも掲載されていました。

それでもシープルは、いまだに〝人道的な立場から無条件で不法移民を受け容れるべきだ！〟と主張しています。

カバールがでっちあげた歴史の教科書を信じ切っているシープルは、真の歴史を知らないのです。英国は、１６１８年から１９６７年まで３５０年にわたって貧困層の子どもや孤児を無料の労働力として植民地や第１次・第２次大戦後の友好国に送っていました。１９５１年以降にこうした〝移民活動〟を助けたのがＩＯＭでした。子どもたちの移住斡旋業者たちは、「裕福な家庭が養子を欲しがっている」と、貧しい親を騙し、子どもたちの名前や生年月日を変えることが多かったため、子どもたちは大人になった後に親を捜すことも、自分の真のアイデンティティをつきとめることもできませんでした。工場や農地で重労働を強いられた子どもたちは、まだマシなほうで、セックス産業に売られた子どもたちの行方は知るよしもありません。

アメリカでも、１８５４年から１９２９年にかけて〝児童援助協会〟という私設団体が、約20万人のニューヨークの貧者の子どもや孤児を中西部の農地に送って働かせていました。子どもたちを乗せたオーファン・トレイン、孤児列車と呼ばれる汽車は、ホロコーストでユダヤ人が乗せられた貨物列車に似ています。

オーファン・トレインに乗せられた子どもたちも、児童援助協会の人間が勝手にアイデンティティを変えることが多かったので、過労死してもセックス産業に売られても、追跡調査は難しく、不都合な真実は闇から闇に葬られました。

オバマとハリウッドのサイオプに完全に騙されているシープルは、史実から学ばないわけではなく、そもそも史実を知らないのですから、困ったものです。

オバマが起動したイスラム国テロのおかげで、シリアを筆頭に中東やアフリカからの難民（ほとんどが腕っ節の強い若い男性）を欧米が受け容れざるを得なくなったのも、オバマの計画的犯行でした。ドイツやフランスでは、街によっては難民の数が自国の住民を上回り、ムスリムの男たちは、「俺たちは6～7人子どもを作り、白人の娘たちも俺たちの妻になってムスリムの子どもを生むから、次の世代でこの国を乗っ取ってやる！」と豪語していました（オバマ時代、彼らの傲慢な発言を記録したビデオが YouTube やインスタグラムにたくさん投稿されていましたが、今ではすべて消去されてしまいました）。

オバマがわざと難民を生み出して、欧米に移住させたのも、欧米の社会水準を落とし、欧米人を辟易させて、国家を分裂させて欧米を内側から破壊するためです。２０２３年6月下旬から7月初旬にかけて、警官のムスリム青年射殺がきっかけで起きたフランスの大暴動は、まさしくオバマの望み通りの展開でした。暴動の最中、パリではバスや電車が不通になって外出禁止令が敷かれて警察が街をパトロールしていたので、暴動は、ワクチン・パスポートがないと検問所を通過できない社会に一歩近づけるためのリハーサルとしても役立ちました。私がこの本を書いている7月下旬、アメリカで不法移民やＢＬＭに暴動を起こさせるために、オバマは着々と計画を練っているに違いありません。

ちなみに、オバマ政権がＩＯＭを国連の傘下に組み込むためのロビー活動を指揮したエイミー・ポープは、２０２３年5月にＩＯＭの事務局長に就任し、「アメリカ活性化のために移民が役立つので、アメリカはもっと移民を受け容れるべき！」と主張しています。

孤児列車《オーファン・トレイン》 (orphan train) で運ばれる子供たち

1854 年から 1929 年にかけて “ 自動援助協会 ” という私設団体が、約 20 万人のニューヨークの貧者の子どもや孤児を中西部に送って働かせていた。

第7章

知られざるオバマケアーの真実

◆アメリカ人の生体データの徹底収集

数々の悪事を積み重ねたオバマの最大の犯罪は、２０１０年に制定されたオバマケアーです。オバマケアーは、政府に認可された保険会社の健康保険に加入することを義務づけ、非加入者に罰金を課す悪法です。それまでの保険に満足していた人たちは、政府認可の保険に切り替えることを余儀なくされ、そのせいでそれまで通っていた医者やクリニックが使えなくなりました。

さらに、中絶手術、中絶ピル供給を拒否するカトリックの病院や支援団体に数百万ドルの罰金をかけて、中絶を大々的に支援しました。オバマが中絶を支持する理由は、〝ティーンエイジャーで妊娠した黒人やヒスパニックを助けて学業を続行させるため〟とされていて、中絶反対は人種差別と見なされています。

しかし、真の理由は、胎児売買が巨額のカネが動く産業（胎児の肝臓や脳などを実験やワクチンの材料、胎児の皮膚などを化粧品の材料として売買）であると共に、カバールが目指す人口削減にも役立っているからです。

悪魔崇拝者が中絶された胎児を〝お供え物〟として悪魔に捧げ、悪魔崇拝の女性は悪魔への忠誠心を示す儀式の一環として中絶をしなければならないことも、忘れてはいけません。

オバマがオバマケアーを必死になって売り込んでいた当時は、「医療データをデジタル化して、海外の病院と共有し、海外旅行中に病気になっても適切な治療を受けられる！」と謳っていました。こういう言い方をされると、なにかとても便利なものだと思えてしまいますよね。

でも、医療データのデジタル化とシェアーは、カバールがアメリカ人のDNAを入手しやすくするためのプロセスにすぎませんでした。アメリカの病院に行くと、必要もないのに血液検査をしたり、口の中の粘膜を採取されるのは、DNAを採集するためなのです！

オバマケアーは不必要な血液検査を要求するだけではなく、癌予防のための検査や癌にかかる確率を調べるためのDNA検査なども、執拗に患者に売りつけました。これもすべて、「あなたの健康のためですよ！」と偽って、カバールのためにより詳しいDNAのデータ収集をするためです。

ロバート・デイヴィッド・スティールは、「ソロスや王族、ロックフェラーやロスチャイルドの人間たちがやけに長寿なのは、臓器移植を繰り返しているからだ」と言っていましたが、オバマケアーで採集されたDNAのデータは、カバールの臓器物色《ぶっしょく》プロセス簡素化にも役立っています。

オバマケアーは、〝病気にかかってから手当や手術をするより、かかる前に予防措置をとったほうが人々の健康のためにも医療コスト削減のためにも役立つ〟と言って、オバマケアー加入者にほとんど無料でさまざまなワクチンを提供し始めました。これを受けて、テレビのコマーシャルでも、〝予防ケアーこそが健康管理の第1歩!〟と、ワクチンを売り込み、キックバックをもらっている医者も盛んにワクチンを薦めたので、騙された人々がまったく必要のないワクチンを打ち始めました。

特に、インフルエンザのワクチンは、冬になるとローカル・ニュースのお知らせ枠で必ず「今年もインフルエンザのワクチンを打ちましょう!」と呼びかけているので、「オバマケアーのおかげでただでワクチン接種ができてうれしい!」とばかりに、多くのシープルがワクチンを接種し始めました。

また、ブーマー世代がかかりやすいとされている帯状疱疹《たいじょうほうしん》のワクチンも、オバマケアーでカヴァーされているので、オバマケアー発足後は、イヤと言うほどテレビで宣伝され始め、2011年には3800万人が加盟しているアメリカ退職者協会が、帯状疱疹と肺炎のワクチンの同時接種を薦め、多くの退職者が2つのワクチンを接種しました。

こうしてオバマケアーのおかげで予防ケアーが一般化し、その一環としてワクチン接種も通常化したので、シープルたちが何の抵抗もなくコロナのワクチンを接種し続けたのです。つまり、オバマケアーは、コロナのワクチン接種を民衆に受け容れさせるための地盤固めとしての役割も果たしていたのです。

オバマケアーは、年に1度の結腸内視鏡検査を推薦しましたが、いくら保険がカヴァーしてくれると言っても、結腸に内視鏡を差し込む検査を受けたがる人はほとんどいませんでした。

そこに助っ人として登場したのが、当時アメリカの朝の情報番組の司会者として絶大な人気を誇っていたケイティ・カーリックでした。カーリックは、最初の夫が1998年に大腸癌で死んだので、早期発見の必要性を呼びかけるために、自ら結腸内視鏡検査を受けて、その模様をテレビで放送しました。彼女の〝捨て身の行動〟が功を奏して、この後、オバマケアーでカヴァーされている結腸内視鏡検査を受ける人が増加しました。

カーリックの動機が純粋なものだったのか、オバマ側となんらかの連絡をとりあっていたのか、真相は分かりませんが、結腸内視鏡検査を通常化するためのサイオプに彼女が一役買ったことは確かです。

結腸内視鏡検査の他、オバマケアーが推しているあらゆる検査は、アメリカ人の生体を徹底的に分析するために必要な素材を合法的に採取するための道具です。カバールは、どんな遺伝子の持ち主が、どんなワクチンに耐えられるか、どんな病気を克服できるか、どんな食べ物に弱いのか、どんな薬物に対して高い依存度を示すのか、など、あらゆるデータを収集しているのです。これは、ある特定の遺伝子の持ち主たちを殺すため、大衆をなんらかの薬物の依存症にしてコントロールするため、さらに、カバールの人間たちを助ける遺伝子を物色するための作業です。

◆脳死者の遺体や臓器が大量売買

オバマケアーでは、医科学とは無縁の政府の小役人や会計士で構成される独立支払い諮問委員会が、〝コスト削減のため〟にどの患者にどんな治療法・薬を与えるかを決めています（保守派は同委員会をデス・パネル：死の判定団、と呼んでいます）。おかげで、ホスピスや老人ホームを筆頭に、普通の病院でも高い治療法・薬を政府（オバマケアー）に拒否されたがために死亡する人の数が激増しました。そして、このような事実をブログなどで伝えた人々は、解雇され、大手メディアから〝コンスピラシー・セオリスト〟と小馬鹿にされました。トランプ政権時代に流行った〝キャンセル・カルチャー〟（BLMやアンティファなどの左派の方針や意見を批判した人が解雇されたり、人格抹殺される風潮）は、すでにオバマ時代に始まっていたのです。

かろうじて抹消を免れた内部告発者のリポート、〝ステルス・ユーサネイジア〟（密かな安楽死）には、「デス・パネル（独立支払い諮問委員会）や製薬会社からさまざまなインセンティヴをもらった医師や施設が死を招く鎮痛剤を過剰に使い、オバマケアーがカヴァーしない高い治療薬を拒絶しているせいで、ホスピスの死者数が全米の死者数の4割を占めるようになった」と記されています（オバマケアー以前のホスピスの死者数は全米の死者数の数パーセントにすぎませんでした）。

これだけでも、オバマケアーがいかに邪悪なものであるかを十分に物語っていますが、同リポートには、さらにこう記されています。

「オバマ政権誕生後すぐに改正された均一遺体提供法で、〝生前に遺体・臓器提供拒絶をはっきりと表明していない脳死者は、遺体・臓器提供者と見なす〟と制定されたので、遺族の意志が無視されて、オバマケアーによって脳死者の遺体や臓器が大量に売買されている」

脳死の基準は、〝無感覚、無反応、無呼吸、平坦脳波〟ですが、同リポートには、「回復の見込みがない植物人間も脳死同然として、医者が遺族に臓器提供を勧めるケースも多い」と記されています。

提供拒否表明に関しては、単に遺族が「生前に提供を拒否すると言っていた」と言うだけでは不十分で、裁判に持ち込まれた場合も「単なる伝承証言で本人の提供拒否の意志を告げるものではない」と見なされています。生前に本人が提供拒否を表明しているビデオも、裁判では「誰かに強要された発言かもしれない」と見なされる恐れがあるので、確実な拒否表明法ではありません。ほとんどの州が「死後、あるいは脳死と宣言された時点、それ以降に遺体・臓器提供を拒否する」と記した声明文に、4人の証人を伴って公証人の前で署名した人のみを〝生前に遺体・臓器提供拒絶をはっきりと表明した人物〟と制定しています。つまり、一人暮らしの老人やホスピス・老人ホーム在住者のみならず、このような公証人記録を保持していないごく普通の子ども、青年、大人たちは、交通事故などに遭って、医者（遺体・臓器売買で儲ける組織の人間）に「脳死状態に陥った」と判断されたとたんに、遺体を解体されて、皮膚も血液も臓器もさまざまな機関に売りさばかれてしまうのです。

ごく普通の人は、医者が意図的に悪いことをするはずがない、と信じ切っています。ですから、親族が植物人間になってしまった場合、医者に「オバマケアーは延命治療をカヴァーしてくれません。医学のため、移植を待つ患者さんのために、遺体・臓器を提供することを、あなたのお母様・お父様、お嬢さん・息子さんも望んでいるはずです」と、甘い言葉をかけられれば、いとも簡単に騙されて、遺体・臓器提供書にサインしてしまいます。オバマケアーに後押しされた医者にとって、植物人間は遺体・臓器売買の宝庫です。

オバマケアー以降に臓器提供者が激増したことは美談として伝えられていましたが、隠された真実を知ると、オバマケアーが醜悪な臓器取得と人口削減の手段だったことがハッキリと分かります！

ちなみに、脳死と判断された人々が生き返り、回復したケースはたくさんありますが、オバマケアー開始当時にアメリカで特に話題になった例を1つだけご紹介しましょう。

2006年、心臓が停止し、皮膚が黒くなった〝死者〟ジェフ・マーキンの死亡証明書を書いていたドクター・チョーンシー・クランドールは、神に祈った後、マーキンの横たわる病室に戻り、死後40分後にマーキンが生き返るシーンを目撃しました。

この体験をドクター・クランドールが綴った本、『レイジング・ザ・デッド』（死者の蘇生）が2010年9月に発売され、デス・パネルに反対する人々、特にカトリックと福音派のキリスト教徒たちの間で大きな話題になりました。その一方で、医学界や大手メディア、キリスト教を敵視している左派からは「作り話では？」と批判されました。しかし、マーキンの心臓が停止した時点とその数分後まで病室にいた複数の看護婦の証言、心臓が停止した時間の記録、クランドールが死亡証明書を書いた時間の記録、生き返った時間の記録などがはっきり残っています。ですから、カバールの偽情報に惑わされずに、実際にこの本を読んだ識者たちは、マーキンの例は、「脳死や死亡の定義を再検討する必要を提示した重要な事例だ」と評価しています。

オバマケアーは発案当初からアメリカを二分し、左派と保守派の溝を深める杭のようなものでしたが、法案が通ってアメリカ人のほとんどが加入しました。その理由は、ソロスがオバマケアーを通すために500万ドルの資金援助をし、大手メディアがオバマケアーの短所を隠して長所のみを報道し、テレビでもオバマケアーを絶賛する筋書きを盛り込んだドラマが放映されていたからです。毎度のことながら、カバールのサイオプはお見事ですよね！

◆オバマ政権だった2010年からコロナウイルスのワクチン作りが始まった

オバマは、コロナのパンデミックの根回しも、着々と行っていました。

オバマ政権の8年間は、豚インフルエンザ（2009〜2010年）、ウェスト・ナイル熱（2012年）、デング熱（2013年）、エボラ（2013〜2015年）、鳥インフルエンザ（2013〜2015年）、ジカ熱（2015年）と、ひっきりなしに伝染病が頻発した時代でした。

このうち、豚インフルエンザは、インフルエンザのワクチンに豚の細胞が入っていたせいで起きたものでしたが、伝染病を起こしたくて作為的に豚の細胞を入れたのかどうかは、明らかになっていません。

しかし、エボラは、CDCがリベリア共和国を含む西アフリカに建造したバイオラボで〝ワクチン製造の研究のために〟製造していたエボラ・ウイルスが原因であることを示す数々の状況証拠が提示されています。当時、テクミラ（カナダの製薬会社）で抗エボラ・ウイルス薬の開発に関わっていたドクター・シリル・ブロデリックは、2014年10月に、こう告発していました。

「2014年3月にギニアとシエラレオネでエボラが流行している、と報道されましたが、そのちょっと前の2014年1月に、アメリカの国防省の資金提供によるエボラ出血熱の人体実験が開始され、テクミラは、健康なアフリカ人をエボラ・ウイルスに感染させていました」

ペンタゴンがテクミラに1億4000万ドル相当の契約を与え、2014年にエボラ研究を開始させたことは、バイオテック業界では大きなニュースになっていたので、バイオテック関係者はエボラの流行が自然発生ではないことを知っていました。しかし、真実を告白しても、大手メディアにコンスピラシー・セオリストとして叩かれるか、CIAに殺されるだけなので、みな口をつぐんでいました。

アメリカが開発国に作ったバイオラボで製造されたウイルスが原因でエピデミック（伝染病流行）が起きる、というエボラ・エピデミックの経緯は、コロナウイルスのパンデミックの経緯と同じです。また、オバマがエボラ対策の責任者として全権を委任したロン・クラインは、2023年2月までバイデンの大統領首席補佐官を務め、コロナのワクチン強制接種政策を推し進めていました。これに加えて、オバマがウクライナのバイオラボ建設に関わっていた（234ページ参照）ことを思うと、エボラがコロナのリハーサルだったことが分かります。

2014年に、エコ・ヘルス・アライアンスに奨励金を与えてコロナウイルスのゲイン・オヴ・ファンクション（機能獲得）リサーチを開始したのも、オバマ政権だったことが2021年に明らかになっています。また、CNNやMSNBCでコロナのワクチン接種を執拗に呼びかけ、接種拒否者をテロリスト呼ばわりしていたワクチン学者、ピーター・ホーテズは、2020年5月に行われた下院公聴会で、「10年前にコロナウイルスのワクチン作りを始めていた」と証言しています。2020年の10年前は、2010年です。

予防ケアーの一環としてさまざまなワクチンの予防接種をごり押しするオバマケアーが始まった2010年にコロナウイルスのワクチン作りが始まり、2014年にコロナウイルスの機能獲得リサーチが始まっていたとは！　**コロナのパンデミック仕掛け人も、やはりオバマだったのです！**

パンデミックは〝感染防止のためのコンタクト・トレイシング（接触者追跡）や人々の監視〟を正当化し、感染しているかどうかの検査はDNA収集を正当化し、ワクチンは人口削減の道具です。しかし、カバールの人類家畜化計画でパンデミックに課せられた最大の役割は、あらゆる国家をWHOの監視下に置く必然性を提示することでした。

カバールの一番弟子、オバマは、上院議員になってまだ半年も経っていない2005年6月6日にリチャード・ルーガー共和党上院議員と共著で、ニューヨーク・タイムズ紙論説欄に、

「WHOに投資し、製薬業界や世界規模の組織と協力してパンデミック対策の永続的枠組みを作らなければならない」と説いていました（ルーガーは、ビル・クリントン同様、近代のカバールの産みの親、セシル・ローズの遺産で作られたローズ奨学制度でオックスフォードに留学したカバールの手下です）。

大統領になった後は、パンデミック発生時に、ワクチン接種や人々の監視を含む各国の対策の管理・遂行をすべてWHOに委託する（＝各国の主権を事実上WHOに委譲する）政策を、一貫して推奨していました。ランド・ポールを初めとする共和党議員の反対に遭い、オバマの夢は叶いませんでしたが、2021年にWHOのパンデミック条約の枠組みが正式に発表され、バイデン政権がこの条約に調印しようと画策しています。

コロナウイルスのパンデミックが起きたとき、大手メディアは「先見の明があるオバマはコロナウイルスのパンデミックを予測して、世界を救ってくれるWHOの権力を強化しようと努めていた！」と、オバマを絶賛していました。バカもここまで来ると、疲れます。オバマは、WHOにアメリカの主権を委譲することを正当化するために、パンデミックを起こしただけです。

◆「ブレイン・イニシアティヴ」はマインド・コントロール技術のため

オバマが2013年に始めたブレイン・イニシアティヴも、「脳の構造や機能を徹底解明して、アルツハイマー病、鬱病、自閉症などの治療をするためのプロジェクト」という触れ込みでしたが、実際は脳のハッキングを可能にするための研究でした。ブレイン・イニシアティヴをリードした組織がDARPA（国防高等研究計画局。大統領と国防長官の直轄の組織）であることからも、このプロジェクトがいかに極悪非道であるかが分かるでしょう。

2014年に発表されたブレイン・イニシアティヴに関する報告書には、こう書かれています。

「脳は意識、人間の心の奥底にある考え、そして最も基本的な欲求を司《つかさど》るものなので、脳の機構研究はすでに新たな社会的・倫理的問題を生み出している。脳の発達に関する研究は、学校における認知発達の向上に利用してもいいのか？　依存症やその他の精神神経疾患を生み出す脳の機構が理解できた場合、それを裁判で使ってもいいのか？　痛みや苦痛に関わる民事訴訟で、脳の中枢性疼痛《とうつう》の客観的測定によって賠償額を決めることになるのか？　意思決定の研究は、どの製品が特定の消費者層にとってより魅力的かを判断するために利用してもいいのか？　脳研究は、慎重に進めなければならない」

これは、タバコのパッケージに「喫煙は肺ガン、心臓病の原因となります」と印刷され、医師が公の場では、「オピオイドは中毒性があるので慎重に扱わなければならない」と主張しているのと同じです。オバマ政権は、この報告書を公開することで、「ブレイン・イニシアティヴ関係者たちは慎重に研究を進めている」と見せかけたのです。

しかし、実際は、ブレイン・イニシアティヴは人間の脳をカバールの思い通りに操って、完全なマインド・コントロールを達成するための作業でした。脳の機能を完全に掌握すれば、実際に戦争やパンデミックを起こさなくても人々に不安や恐怖を感じさせ、わざわざ麻薬を与えなくても人々を中毒症に陥れて、楽々とシープルをコントロールできるのですから、安上がりです！

すでに2018年の段階で、脳波解析装置を頭につけた発信者と、遠くにいる脳波受信装置を頭につけた受信者をインターネットでつなぎ、発信者が望む行動を受信者に取らせることが可能だ、と判明しているので、**マインド・コントロールはサイエンス・フィクションではなくサイエンス・ファクトです**。同じく2018年に公表されたマウスの実験では、脳波解析・受信装置なしに、脳を刺激することで、1匹のマウスと同じ行動を2匹目のマウスに取らせることに成功しています。その5年後の今、人間の脳波を外的刺激で操作してマインド・コントロールできる技術を、ＤＡＲＰＡやＣＩＡがすでに使っていると考えれば、実際に被害者が出ている銃乱射事件が時々起きる理由を明快に説明できます

オバマが絶賛しているイスラエルの歴史学者で、世界経済フォーラムのブレインでもあるユヴァル・ノア・ハラリの恐るべきコメントをおさらいしておきましょう。

「人間は今やハッキング可能な動物です。〝人間には魂や精神があり 自由意志があり、私の思考は誰にも分からず、選挙やスーパーマーケットで私は自由意志で選んでいる〟というコンセプトは、過去の遺物です」

「エリートは生物をハックすることで、生命の未来を再構築する力を手に入れたのです。ハッキング可能なものは設計も可能だからです。これは、かつて多くの専制君主や政府が望んだものの、生物学の理解が足りず、できなかったことです。数百万人をハッキングできるほどの計算能力とデータを持っていた人はいませんでした」

「スターリンやヒットラーができなかったこと（完全なマインド・コントロール）が数十年後に可能になります」

オバマは、ＭＫウルトラによるマインド・コントロールの１００歩先を行く、精密で効率のいいマインド・コントロールを可能にするために、巨額の資金（アメリカ在住者が払った税金）を投じて、ブレイン・イニシアティヴを始めたのです。

あらゆる犯罪の影にオバマ有り！……この一言を、みなさん、肝に銘じておきましょう！

オバマは、低所得者に無料（政府の予算＝国民の税金）でケータイ電話を提供しました。これは、オバマフォン・プログラムと呼ばれています。黒人や左派、大手メディアは、「心優しいオバマ様が、貧しい人々が外で交通事故に遭ったり、暴漢に襲われたときに、すぐに救急車や警察を呼べるようにするために、オバマフォン・プログラムを実行してくださった！」と、オバマを絶賛しました。

オバマがオバマフォンを配布したのは、親切心からではありません。真の理由は、ケータイ電話を追跡調査して、貧者たちの動きやテキスト・メッセージを記録・監視して言動を分析し、貧者たちにインターネットとSNSを使わせて、彼らのネット上の言動も記録、監視、分析するためでした。白人警官が黒人のマイケル・ブラウンを射殺した後に起きた抗議運動が大規模な暴動（2014年8月）にふくれあがったのは、インフルエンサーやCIAの仕掛け人がSNSで黒人や左派を煽り、BLMやアンティファが暴動参加者とケータイ電話で連絡を取り合っていたおかげでした。短時間の準備、仕込みで、組織的な大暴動を起こすには、絶対にケータイ電話が必要です。オバマフォンは、暴動や略奪に貧困層を動員するために必須の道具でもありました。

◆アメリカ国民に自ら進んでリアルIDを取得させたサイオプ

最後に、オバマが空港での運輸保安庁TSAのセキュリティ・チェックを極端に強化した真の理由をお教えしましょう！

2001年、ブッシュ一味が9・11のテロ（偽旗工作）を起こし、空港のセキュリティ・チェックが一気に強化され、10月にはテロ対策を理由にパトリオット法が制定され、11月19日には運輸保安庁TSAが新設されました。

2001年12月22日に、アルカイダに参加したアメリカ人が靴の中に隠した爆発物で飛行機を爆破しようとした後、TSAはセキュリティ・チェックで搭乗者が靴を脱ぐことを義務づけ、より精密なX線スキャナーと爆発物探知機を設置しました。

2006年8月、イスラム教過激派が複数の航空機で液状の爆発物を爆破しようと企てていることが発覚し、液体の持ち込みが制限されるようになりました。

2009年12月、アムステルダムからデトロイトに向かうフライトで、下着の中に隠した爆発物で飛行機を爆破しようとしたアルカイダ支持者が捕まり、TSAのセキュリティ・チェック強化賛同派が急増しました。しかし、オバマは、「イスラム教徒のみに厳しいセキュリティ・チェックを要求するのは人種・宗教差別だ」として、搭乗者全員に厳しいセキュリティ・チェックを要求する政策を採りました。

この後、肉体がはっきり見えるスキャナーが導入され、スキャンされたイメージが保存され、老若男女の胸・お尻・股間を探る身体検査が実施され、こうしたチェックを拒否して搭乗を諦めた人がテロ容疑者と見なされて調査される、などのTSAの暴行が一般化しました。

さらに、TSAは、脚を支える金属製器具無しには歩けない4歳の障害児に器具を外すことを命じ、車イスに乗った3歳の障害児を徹底的に身体検査し、乳ガン手術をした女性に人口乳房をブラジャーから取り出すことを強い、巨乳の女性を物色して身体検査をし、女性のパンティの中に手を突っ込んで股間をまさぐり、膀胱癌患者の採尿袋を引き裂いて尿でびしょ濡れにする、などの横暴を繰り返しました。

肉体（裸体）がハッキリ見えるスキャナーは、軍需産業のL－3コミュニケイションズや、マイケル・チャートフ（息子ブッシュ時代の国土安全保障長官でパトリオット法の発案者）が顧問を務めるラピスキャン・システムズが数百万ドルのロビー活動をしたおかげで導入されました。前者は3970万ドル、後者は4120万ドル分のスキャナーを政府に売りつけたので、TSAの空港警備強化は軍需産業を潤すために役立ちました。

しかし、オバマがTSAの非道な暴行を「テロ対策として必要なこと」と主張し、大手メディアがオバマとＴＳＡを擁護し続けた真の理由は、生体認証データや医療記録、納税記録などを含むあらゆる情報を収録したリアルＩＤを魅力的なものと見せかけるためでした。

ＴＳＡの容赦ない拷問に対する怒りが沸騰したとき、オバマは待ってましたとばかりに〝ＴＳＡ事前チェック制度〟を繰り出して、リアルＩＤを売り込みました。当時、仕事で頻繁に飛行機に乗らざるを得ない人々や旅行好きの人々が、痴漢を上回るＴＳＡの身体検査やポルノまがいのスキャナーにウンザリしていたので、事前チェック制度を歓迎し、自ら進んでリアルＩＤを取得しました。彼らは、空港で長蛇の列を作ってセキュリティ・チェックを受ける搭乗客を尻目に、靴を脱ぐことも液体を入れたビニール袋を提示することもなしに飛行機に乗り込み、ブログやＳＮＳで便利な事前チェックを絶賛しました。

ほぼ同じ時期に、生体認証専門会社、クリアー・セキュリティが空港でのセキュリティ・チェックを受けずに済むクリアー・プラスというＩＤカードの発売を開始しました。網膜スキャンと指紋が収録されたこのＩＤカードを取得するためには、医療記録、警察記録（犯罪歴、交通事故、交通違反の記録）、納税記録などの個人情報をクリアー・セキュリティに渡して、審査をパスしなければなりません。しかも、費用は１８９ドルで、有効期間は1年なので、毎年審査を受けて、１８９ドルも払わなくてはなりません。それでも、ＴＳＡの痴漢行為を免れるな

TSA（運輸保安庁）のセキュリティ・チェックの人権侵害まがいの強化は「リアルID」取得を促すため

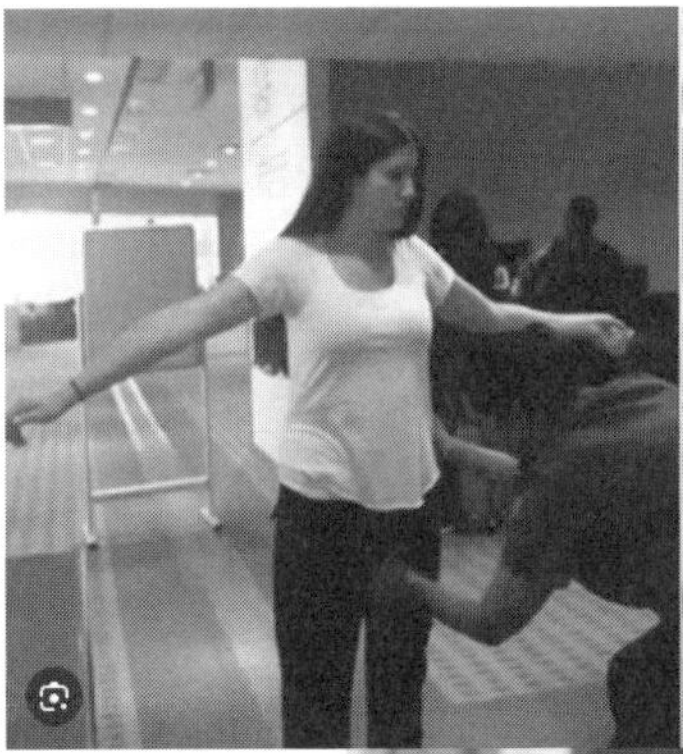

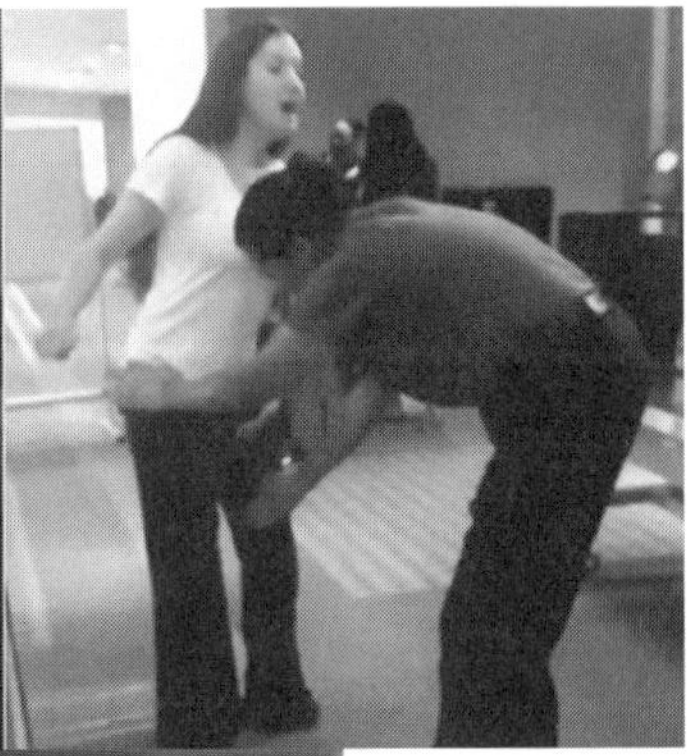

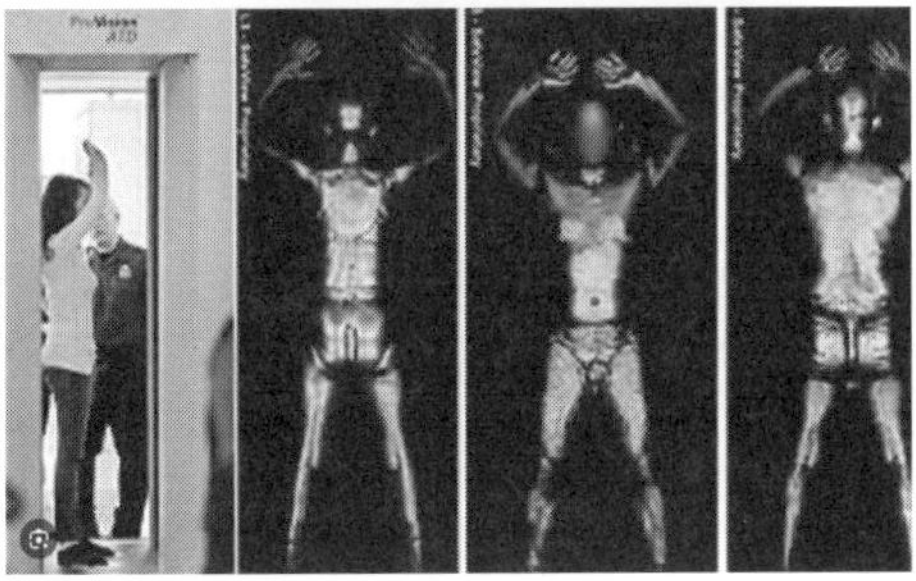

ら、安い代償だ！、と思う人が続出し、多くの人々がカネを払って個人情報をクリアー・セキュリティに手渡しました。クリアー・セキュリティは、パンデミックの最中《さなか》に世界経済フォーラムに加担してワクチン・パスポートを推し、ヘルス・パスという個人情報満載のＩＤカードを製作していたので、明らかにカバールの出先機関です。

ＴＳＡの乗客いじめがなかったら、あらゆる個人情報を収録したリアルＩＤやクリアー・プラスは、プライヴァシーの侵害と見なされ、取得希望者など出なかったはずです。つまり、オバマは、意図的にＴＳＡの暴行を通常化させ、国民の怒りを鎮めるための対応策としてリアルＩＤやクリアー・プラスを提供し、取得者を特権階級に仕立て上げて、皆がリアルＩＤ、クリアー・プラスを欲しがる状況を作り上げたのです。

これは、２００３年にＤＡＲＰＡが開発したライフログ（個人の言行、思想、習慣、他者／組織とのつながりなどのあらゆる情報を記録し、個人の言行や思想、他者／組織／場所／事物との関係のパターンから個人の行動を予測するプログラム）が、フェイスブックに生まれ変わった過程と酷似しています。

２００４年２月３日、ＤＡＲＰＡが、〝プライヴァシーの侵害〟という批判を受けてライフログを閉鎖した次の日、２月４日に、個人が自由意志で自分の言行、思想、習慣、他者／組織とのつながりなどのあらゆる個人情報をアップロードするフェイスブックが誕生！　この後、世界中の人々が喜び勇んでフェイスブックに個人情報をアップロードするようになり、フェイスブック非参加者は、トレンドに乗り損ねた過去の遺物と見なされました。

カバールは大昔から、自ら悪状況を作り上げて、自分たちに都合のいい政策を対処法として与える、という戦術を繰り返し使っています。パンデミック中に、ワクチン接種者のみにレストランやコンサートに行く権利を与え、ワクチン接種が特権階級のメリットだと思わせたサイオプも、オバマのリアルID売り込みの手口と同じです。

普通なら、「人権・プライヴァシーの侵害！」と敬遠するものを、特権階級のステイタス・シンボルと見せかけたオバマの手練手管は、カバールの申し子ならではの見事なサイオプでした！

これも、オバマが人好きのするキャラクター（を演じられる役者）だからこそなし得たことで、好感度マイナス100のヒラリーやマヌケ面のブッシュにはマネのできない離れ業でした。

私は、大昔から直感的にオバマに拒絶反応を示しているので、オバマの言うことはすべて嘘だと見抜いていましたが、全世界を騙したオバマの詐欺能力は高く評価せざるを得ません！

ちなみに、TSAの法外な身体検査に搭乗客が慣れてしまった現在では、クリアー・プラスを欲しがる人口も減ってしまいました。そのため、ここ数年のクリアー・セキュリティは、「海外からの帰国時に、長蛇の入国審査を避けて、特別のグローバル・エントリーで簡単に再入国可能です！」と謳い、顧客のターゲットを海外旅行者に絞り、グローバル・エントリーをセールス・ポイントにしています。そして数年前から大手メディアは、グローバル・エントリーができる人々（＝生体認証カードを取得した人々）のことを、〝グローバル・シティズン〟、あるいは〝グローバル・トラヴェラー〟と呼び始めました。これらはリベラル派の脳には〝特権階級〟と響く言葉なので、またまた愚かなリベラル派が、自ら進んで生体情報を提供して生体認証カードを取得しているのですから、もう笑うしかありませんね。

一方、オバマが義務づけようとしたリアルIDは、トランプ大統領が拒絶しましたが、バイデン政権は、「2025年5月7日以降はリアルID取得者のみが国内便に搭乗でき、連邦政府管轄下の建物に入れる」と、布告しています。EUも、「2024年から、詳しい個人情報を提供しないと入手できない観光ヴィザの取得を、アメリカ人旅行者に義務づける」と発表しています。また、WHOもEUも、世界規模のワクチン・パスポート義務づけを目指しているので、まだまだ予断は許せない状況です。

第8章

覗き魔オバマのスパイゲイト

◆オバマがFISAを使ってトランプを盗聴した本当の理由

ロシア疑惑は、ヒラリーとオバマがでっちあげた大嘘でした。

まず、ホロウィッツ特別検査官の報告書で、オバマ政権下のFBIはカーター・ペイジ（トランプ選挙キャンペーンのエネルギー政策担当者）がCIAの情報提供者としてロシアと接触していることを知りながら、〝ロシアの工作員かもしれない〟という疑惑を捏造していたことが分かっています。FBIは、この嘘を根拠として、FISA外国情報監視法で許可されている盗聴を要請し、ペイジの通信を盗聴していました。

外国情報監視法で許可されている盗聴プロトコールは、two-jump（2段跳び）と呼ばれるもので、ターゲットとされている人間（この場合カーター・ペイジ）と交信した人々の盗聴（1段目）、及び、ターゲットと交信していた人々と交信した人々（2段目）まで盗聴することができます。つまり、ペイジがトランプ選挙キャンペーンで外交関係やエネルギー政策関係を仕切る中間管理職の人間と話し、その人間がトランプと話した場合、トランプ本人のことも盗聴できる、というわけです。

2016年6月9日に、トランプ・タワーで行われたドン・ジュニア（トランプの長男）とロシア人弁護士のミーティングは、同席したポール・マナフォートのケータイ電話に潜伏していたペガサス（スパイウェアー）を使って盗聴されていました。ペガサスは、ケータイ電話の持ち主が電話を使っていなくても、勝手にケータイ電話のマイクとカメラがキャッチできる音や映像を盗聴、収録できます。

ダーラムの調査では、ロシア疑惑の源であるスティール文書（トランプはロシアに恐喝の素材を捕まれ、ロシアと共謀していた）が、ヒラリーのカネででっちあげられた大嘘だったと知りながら、オバマ政権がトランプをスパイしていたことが明らかになっています。

オバマは祖母もディープステイトの人間、母親もＣＩＡ工作員で、生まれながらのカバールの手下です。**3世代に渡ってカバールに仕えてきたオバマは、カバール下部組織内ではヒラリーよりはるかにランクが高い存在です。**格付けを重んじるカバールの掟を知っているヒラリーが、オバマのお墨付き無しに行動を取ることはあり得ないので、トランプ大統領に対するスパイ活動は、トランプ潰しの一環としてオバマが指揮した裏工作です。

ＮＳＡがありとあらゆる通信を盗聴、監視、収録、保管していて、ペガサスがケータイ電話が存在する場所の情報を収集できるので、オバマはあらゆる要人を簡単にスパイしていました。つまり、オバマは、カーター・ペイジを、ＦＩＳＡを使って盗聴しなくても、トランプ周辺の通話、会話をすべてスパイできたのです。マイケル・フリンのロシア大使との通話も、もちろんすべて収録していました。トランプ大統領弾劾に至るウクライナ疑惑の発端となったトランプ大統領とゼレンスキーの通話も、オバマは楽々と入手していました。

それでも、オバマ側が、わざわざFISAを使ったのはなぜでしょうか？　オバマは、なぜ内部通報者を仕立て上げて、「〝バイデンとブリスマの汚職を捜査しなければ武器をやらない〟と、トランプがゼレンスキーを脅した」と、嘘をつかせたのでしょうか？（トランプ大統領は、バイデンとブリスマの汚職を捜査してほしい、と言っただけで、武器をやらない、とは言っていません）。

理由は、明らかです。スパイ行為で取得した情報を使ってトランプ大統領を糾弾することはできないからです。

オバマのスパイ行為は違憲行為です。違憲行為で得た情報を公の場に提示したら、オバマがスパイ行為をしていたことが露呈してしまいます。そこで、オバマは、ペイジに濡れ衣を着せ、FISAを使ってペイジの盗聴を正当化し、内部通報者がトランプ・ゼレンスキーの会話を聞いたことにして、違憲行為である盗聴で得た情報を〝内部通報者の情報〟にすり替えたのです。

この用意周到なオバマの工作は、資金洗浄と同じ手法を使った情報洗浄です。この手口は、FBIや警察がよく使うパラレル・コンストラクション（証拠収集のための並列構造。不正手段で証拠を入手したFBIや警察が、その証拠を合法的に得るために役立つ容疑を構築／捏造し、合法を装って捜索を始める手法）に似ています。

トランプ大統領が電話でゼレンスキーを脅した、と証言（＝偽証）したアレクサンダー・ヴィンドマンは、ウクライナのキエフ生まれのユダヤ系アメリカ人で、ハーヴァード大学で東欧・中央アジア情勢を学んだ後、陸軍に入隊し、国家安全保障会議のメンバーに昇格しました。２０１４年には、オバマが起こしたカラー革命の後に成立したウクライナの新政権（＝オバマの傀儡《かいらい》政権）から国防大臣の地位をオファーされたほど、ウクライナと親しい関係にあります。

ヴィンドマンの〝証言〟を民主党下院議員に伝えたエリック・シアラメラは、ＣＩＡのアナリストで、オバマ政権下では国家安全保障会議のウクライナ情報専門家としてバイデンを補佐し、オバマからも一目置かれていました。シアラメラと親しかった国家安全保障会議の仲間、ショーン・ミスコは、ウクライナ疑惑発生当時アダム・シフ（民主党下院議員）のアシスタントを務めていました。

つまり、ヴィンドマンもシアラメラも、ウクライナを使ってロシアを破壊しようとするカバールの計略に深く関わっていた人物です。オバマは、この２人を起用してパラレル・コンストラクションを実施し、トランプ大統領がゼレンスキーを脅した、と見せかけたのです。

ＮＳＡが盗聴した通話記録が公表されれば、トランプ大統領が「武器をやらない」とは言っていないことが明らかになりますが、カバールはＮＳＡの記録が明るみに出ることはないことを知っているので、ヴィンドマンの偽証でトランプ大統領を弾劾できると高をくっていました。弾劾裁判では、ホワイトハウスの記録係が書き記した通話の詳細が公表され、そこに「武器をやらない」という一言がなかったおかげで、トランプ大統領は無罪になりました。しかし、いまだに極左の人々は「記録係が書き忘れただけだろう」と信じているのですから、開いた口がふさがりません。

◆マグニツキー事件の真相

トランプ・タワーの一件も、ロシア疑惑捏造のためにオバマが仕掛けた罠でした。手の込んだこの策略を理解するには、まずマグニツキー事件が西側諸国でどう報道されていたかを思い出していただく必要があります。以下、カバールの偽情報拡散機関であるウィキペディアに記されている大嘘をまとめてみました。

正義感に満ちた勇敢なロシア税務弁護士のセルゲイ・マグニツキーは、ロシア税務当局が関与した2億3000万ドルの横領疑惑を告発したことで、2008年に汚職警官のカルポフとクズネツォフに逮捕され、この2人が差し向けた8人の警官から拷問を受けた後、モスクワの刑務所で2009年に死亡した。獄中でマグニツキーは胆石、膵臓炎《すいぞうえん》、結石性胆嚢炎《たんのうえん》を発症し、数ヶ月間治療を拒否された。約1年間の獄中生活の後、拘束中に殴り殺されたとされる。

マグニツキーの友人であるビル・ブラウダーはアメリカの証券会社「ソロモン・ブラザーズ」勤務を経て1996年にロシアで投資ファンドを設立したアメリカ生まれイギリス国籍のビジネスマンで、この事件に憤り、マグニツキーの死に関与したロシア人を制裁する法律を制定するようアメリカの政治家たちに働きかけた。ブラウダーは、この事件を上院議員のベンジャミン・カーディンとジョン・マケインに伝え、彼らは法案の提出を進め、2012年12月にオバマ大統領によって署名され、発効した。

ブラウダーは、この後、ヨーロッパ諸国でもマグニツキー法を制定させるために、大規模なロビー活動を展開し、〝ロシアの不正、汚職、腐敗を暴き、人権保護を訴える正義の戦士〟として称えられている。2015年に発行されたブラウダーの著書、『レッド・ノウティス　巨額取引、殺人、正義を求める一人の男の戦い』は、英語圏でベスト・セラーになり、ブラウダーは2017年に、アメリカの『GQ』誌に「プーティン最大の敵」として「今年の男性」に選ばれた。

ブラウダーの話を元にして、ロシア司法制度の腐敗を糾弾したニューヨーク・タイムズ紙の記事が2011年にピューリッツァー賞を受賞した。

ナタリア・ヴェセルニツカヤはロシアのオリガルヒの資金洗浄を弁護する弁護士である。2015年にKGBの諜報員だったロシア人に雇われて、マグニツキー法を撤廃させようと画策したことで、2015年にアメリカの大手メディアで再びマグニツキー事件が大きな話題になった。ヴェセルニツカヤは、アメリカ国務省と国土安全保障省から危険人物と見なされ、入国を拒否されていた。


（ウィキペディア各国語版から要約合成）


マグニツキー事件に関するお話が分かったところで、次に、トランプ・タワーのミーティングが大手メディアでどう扱われたかを、振り返ってみましょう。

ロシア疑惑の最中、2017年7月8日、ニューヨーク・タイムズが、こう報道しました。

「選挙キャンペーンの最中の2016年6月9日、ドン・ジュニア、ジャレッド・クシュナー（イヴァンカの夫）、ポール・マナフォートがトランプタワーでクレムリンの弁護士、ナタリヤ・ヴェセルニツカヤと会っていた。ドン・ジュニアはこの一件に関する弊紙の質問に〝主に養子縁組の話をしただけだ〟と答えた」

この第一報を聞いた時点で、国務省からヴェセルニツカヤに関する警告メールをもらっていた議員たちは、「トランプはオバマ政権が取ったロシア制裁政策を解除する代わりに、大統領

アメリカ政府が人権侵害に関わった個人・組織を特定して、アメリカにあるその資産を凍結し、アメリカへの入国を禁止する「マグニツキー法」制定のきっかけとなったマグニツキー事件はオバマが仕掛けた大嘘

モスクワの墓地にあるセルゲイ・マグニツキーの墓

選でロシアがトランプを援助することを約束させた！」と信じ込みました。

次の日、同紙は、さらに一歩踏み込んで、「クリントンにダメージを与える情報を約束したロシアの弁護士とドン・ジュニアが会った」と報道。

これを受けて、ドン・ジュニアがこのミーティングに関するメールのやりとりを公開しました。

まず、2016年6月3日、英国の音楽関連のマネージャー、ロブ・ゴールドストーンがドン・ジュニアに送ったメールを見てみましょう。

「エミンからさっき電話があって、おもしろい話を聞いた。彼の父親が今朝ロシアの検察官と会って、検察官がヒラリーを有罪にする文書を持っていて、トランプ選挙キャンペーンに渡したがってる、ということだ。君のお父さんの役に立つだろう。ハイ・レベルな機密情報で、ロシア政府のトランプ支持の一環だよ」（エミンはトランプ一家と知り合いのミュージシャン、ロブはエミンのマネージャー）

ドン・ジュニアは、下記の返事を送っています。

「ありがとう、ロブ。感謝するよ。今、移動中なんだけど、まずエミンと話そうかな。その話の通りなら、すばらしいね。時間はある。特に夏の終わりならいい。来週戻ったら電話で話せるかな？」

この後、2人は連絡を取り合い、6月9日にエミンの父親の手配でヴェセルニツカヤと会うことになりましたが、彼女はヒラリーの話など一言もせず、ロシアの子どもたちの養子縁組の話で会合が終わりました。

しかし、ニューヨーク・タイムズの第1弾の記事の後、ドン・ジュニアがいくら真実を言おうが、大手メディアはロシア・トランプ共謀疑惑を煽る報道を続けました。

ヴェセルニツカヤはアメリカのロシア制裁政策をやめさせるために雇われた弁護士です。ロシアはアメリカが加えた制裁への報復として、ロシア人の子どもとアメリカ人の親の養子縁組を中止したので、養子縁組の話題になったのは論理的な展開です。でも、フェイク・ニューズには論理は通じないので、この後、延々と「トランプとロシアが共謀して大統領選を盗んだ！」という大嘘が真実として報道され続けました。

後に、国務省と国土安全保障省に入国を禁じられていたヴェセルニツカヤがアメリカに入国できたのは、オバマの側近、ロレッタ・リンチ司法長官が入国を許可したおかげだったことが判明。ヴェセルニツカヤの雇い主が、スティール文書制作に関わっていたフュージョンＧＰＳも雇っていて、ヴェセルニツカヤとフュージョンＧＰＳの創設者、グレン・シンプソンが顔見知りだったことも分かりました。

さらに、２０１９年には、ドイツのシュピーゲル誌とセルゲイ・ネクラソフ（プーティン批判で知られるロシア人ドキュメンタリー監督）の徹底取材と欧州人権裁判所の調査で、マグニツキー法を通すため画策したビル・ブラウダーが、大嘘つきであることも発覚しました。以下、マグニツキー事件の真相です。

ビル・ブラウダーは、ソ連崩壊後にロシアに乗り込み、社会の動乱とエリツィン政権の腐敗を利用して、民営化された元国営組織を買収して大もうけしていた。ブラウダーは、まず組織の一部を買い、「旧ソ連時代の汚職まみれの経営体制が残っている！」と、批判し続け、古株の人間を上層部から追い出して自分のシェアーを増やしていった。彼を批判する人々を〝汚職擁護派〟、〝腐敗しきった旧体制派〟と非難し、人格殺害する、という手口はＣＩＡが使う手段とまったく同じだった。

ブラウダーが設立したエルミタージュ資産管理会社は、エリツィン政権下では大成長を遂げた。しかし、２０００年に誕生したプーティン政権が、汚職・腐敗の取締りを始め、ロシア人しか買えないガスプロム（世界最大の天然ガス生産供給会社）のシェアーを外国人のブラウダーが有する幽霊会社が買っていることや、エルミタージュが5パーセントしか税金を払ってないこと（本来は15パーセント払うべき）が問題になった。また、ブラウダーは、〝障碍者を雇うと50パーセントの免税になる〟というロシアの制度を悪用し、複数の幽霊会社のアナリストとして精神発達遅滞の障碍者を雇っていた。マグニツキーは、2002年からブラウダーの指示に従って、このような不正行為を実行していたエルミタージュの会計士であり、税吏弁護士ではなかった。

2003年にエルミタージュの脱税捜査が始まり、同年、海外に居たブラウダーは4000万ドルの脱税で有罪になり、2005年、プーティン大統領はブラウダーの入国を禁じた。

一方、ブラウダーの幽霊会社に関与した人間のうち、少なくとも3人が謎の死を遂げた。ブラウダーの脱税に関わっていたマグニツキーに対する取り調べは2004年に開始され、マグニツキーは2006年と2008年に脱税の証人として尋問を受け、2008年に逮捕され、裁判を待つ間、医療設備が不十分な刑務所で病気になり、看護を受けられずに病死した。検死の結果、殴られた跡も拷問を受けた形跡もなく、手首の傷は手錠の跡、手の甲の傷は看護を求めるマグニツキーが激しくドアを叩き続けたせいだ、と判明した。

ブラウダーは、マグニツキーの尋問の記録（ロシア語の調書）とは似てもにつかない記述を〝マグニツキーの供述の英訳〟、〝ロシアの取り調べの英訳〟として提示し、「マグニツキーが汚職警官のカルポフとクズネツォフを糾弾した」と、見せかけていた。実際は、オリジナルの調書にはそのような記述はなかった。

また、ブラウダーが立ち上げた〝エルミタージュからカネを盗んだロシア政府批判〟サイトには、ロシアの警察がエルミタージュのオフィスを襲い、弁護士のヴィクトール・ポリューギンの顔とのどをめった打ちにして、逮捕し、1万5000ルーブルの罰金を課した、と記されいる。しかし、ヴィクトール・ポリューギンという名の弁護士は存在せず、ブラウダーがポリューギンの写真として提示した負傷者の写真は、1961年にアラバマで公民権運動に参加して警官に顔を殴れたジェイムズ・ズワーグの写真だった。

しかし、大手メディアや欧州連合の議員たちはブラウダーが提示した〝記録〟や〝写真〟を吟味することなく鵜呑みにして、そっくりそのまま〝プーティン政権の人権侵害の証拠〟として公表して、ロシア制裁とプーティン糾弾の必要性を説き続けた。また、ブラウダーは大手メディアの取材を受ける度に、欧州連合が提示した証拠（＝自分が捏造した偽証拠）を挙げて、自分の言い分に信ぴょう性を持たせていた。

セルゲイ・ネクラソフ監督は、このような事実をつなぎ合わせた結果、「2億3000万ドルのカネが消えたことは事実だが、このカネはロシア税務当局が横領したのではなく、ブラウダーが不透明な大手銀行のネットワークを使ってどこかに隠したのだろう」という結論に達しています。

エルミタージュ資産管理会社は、資金洗浄で悪名高いHSBCと深い関わりがあったので、ブラウダーは2億3000万ドルを上手に資金洗浄できたはずです。

この不都合な真実を隠すために、ブラウダーは自分の罪をロシアになすりつけ、マグニツキーをヒーローに仕立て上げてロシアの人権侵害と汚職を糾弾し、正義の戦士になりすまして、プーティン大統領への恨みを晴らしているのです。

プロジェクション（自分が犯している罪を潰したい相手になすりつける）と、サーキュラー・リポーティング（自分が捏造した偽証拠を権威ある機関に公表させて、それを証拠として大手メディアに偽情報を拡散させる）は、カバールの常套手段です。

あらゆる業界でトップに立てるのは、カバールの息がかかった人間のみなので、父方の祖母がユダヤ系ロシア人だったブラウダーがカバールに見初められた人材であることは確かです。

汚職糾弾者・人権擁護者のふりをしたブラウダーが展開した世界規模のロビー活動のおかげで、2009年以降、西側社会では〝プーティンはKGB出身の独裁者で、ロシアは人権を無視する恐ろしい国〟という間違ったイメージが強化されました。これは、大昔からロシア解体を企んでいたカバールにとって非常に好都合な展開だったので、マケインとオバマが喜び勇んでマグニツキー法を推し進めたのです。

2016年にトランプ陣営がロシアと共謀していたと見せかけるために、マグニツキー法撤廃を求めるロシア人弁護士をドン・ジュニアに近づかせたのも、カバールの罠のかけ方に精通したオバマならではの計略でした。

ＮＳＡとペガサスを使って、トランプ側の会話をすべて傍受しただけでは飽きたらず、トランプが人権無視のロシアと共謀してマグニツキー法を撤廃しようとしている、と見せかけたオバマの悪知恵は、さすがカバールの申し子ならでは！　たとえアルワリードのおかげで裏口入学でハーヴァードに入れたのだとしても、オバマの悪巧みの采配は高く評価せざるを得ません。

◆覗き魔、盗聴魔、監視魔オバマ

長い間カバールが人類をコントロールできた最大の理由は、徹底的なスパイ活動を行い、あらゆる分野のリーダーの弱みや好みを摑んで脅迫・買収し、自分たちに都合のいい規則や法律を作らせ、情報を操作することができたからです。

カバールの手口と個人情報の価値を熟知しているオバマは、根っからの覗き魔です。

２０１１年には、オバマの好戦的なリビア政策を止めるために、カダフィ大佐の息子と平和的解決の道を模索していたデニス・クシニチ民主党下院議員の通話を盗聴・録音し、リークして、あたかもクシニチ議員が敵国と密通した裏切り者であるかのように見せかけました。

２０１５年、イラン核合意を議会で通過させようとしている時期、オバマはＮＳＡを使ってイラン核合意に反対するアメリカのイスラエル派議員やイスラエル派ロビーの人々、ネタニヤフ首相を始めとするイスラエルの要人たちの言動をスパイしていました。オバマは、「集めた情報を分析して、反対派説得に役立つメッセージを構築した」とされていますが、政治家の個人情報を恐喝の素材として使わなかった、と誰が言えるでしょうか。

オバマは、西側首脳の側近や、ドイツのメルケル首相、トルコのエルドアン大統領、潘基文《バンギムン》国連事務総長、世界貿易機構ルール政策委員長や国連難民高等弁務官事務所、欧州連合、イタリア、NATOの要人たち、イタリアのベルルスコーニ大統領の側近の通信、欧州連合と日本の間で交わされた通信も傍受していました。

オバマがスパイしていたのは政敵や要人だけではありません。オバマにとって都合の悪い事実を報道したジャーナリストも監視や盗聴のターゲットにされました。主な例を3つおさらいしておきましょう。

2009年に北朝鮮に関する特ダネを報道したフォックス・ニュースのジェイムズ・ローゼン記者は、本人の動きをトラック・ダウンされて通信を傍受された上、両親の通話記録もチェックされていました。

2012年にイエメンでCIAがアルカイダのテロを防いだ、と報道したAP通信社は、その後数ヶ月にわたって司法省の監視下に置かれました。

２０１２年にリビアのベンガジで起きたアメリカ在外公館襲撃事件の真相を伝えようとしたＣＢＳニュースのシャリル・アトキソン記者に至っては、さまざまな個人情報が詰まっているパソコンをハッキングされ、データを消去され、この事実を公開するやいなや大手メディアから精神異常者扱いされました。２０１５年に、違法監視をした司法省を訴えましたが、判事がこの訴訟を取り上げることを拒絶し、裁判に至りませんでした。しかし、その後の調べで、ＦＢＩ捜査官がシャリルの夫のパソコンにチャイルド・ポルノを植えつけようと企んでいたことが発覚しました。

オバマは盗聴やハッキングに加えて、国連の要人たちの生体認証データを盗もうとしていました。

さらに、オバマ政権下の司法省とＦＢＩは、アメリカ人やアメリカ在住者の指紋、運転免許証取得時に提出する個人データや顔写真、街に設置された監視カメラのデータを収集、保管し、個人情報・顔認識のデータベースを作っていました。

これらは単に〝発覚した例〟だけで、文字通り氷山の一角に過ぎません。ＮＳＡはありとあらゆる通信を傍受、保管し、ペガサスはスマートフォンがカバーできる映像と音声を傍受できるので、オバマは世界最強の覗き見オヤジとして、人々のプライヴァシーを侵害しまくっていたのです。

ウィキリークスに民主党本部のコンピュータのデータをリークした犯人を捜すためのスパイ活動には、バイデン一族が投資して大もうけしたカタフォラというソフトウェアー会社のダウンロード追跡・リーク犯探知ソフトウェアーが役立ちました。オバマはカタフォラのソフトウェアーを使って、セス・リッチが犯人だと知り、MS13のメンバーを差し向けてセス・リッチを殺しました（セス・リッチ殺害に関する詳細は『カバールの正体』参照）。

偽バイデン政権（オバマ3期目）下でも、スパイ活動が復活しました。

2023年6月25日には、トランプ派のマージョリー・テイラー・グリーン共和党下院議員は、〝テレビがあなたを監視している、とFBIが警告〟という記事を添えて、「昨日の夜、テレビが勝手についていて、誰かがパソコンでテレビに接続しようとしている映像が画面に映されました」と、ツイートしました。

彼女が添えた記事には、「インターネットに接続され、マイクとカメラが設置されているテレビは家の中を盗聴・監視できる、と、FBIが警告している」と記されています。これは2019年の記事です。4年後の現在は、カメラやマイクの性能もさらに向上し、AIも劇的な進化を遂げたので、テレビの盗聴・監視能力も恐ろしいほどパワー・アップしています。

この10日後、7月6日には、フランス政府は国民が暴動に疲れた現状を逆手にとって、警察が人々のケータイ電話のカメラとマイクを遠隔操作して、民衆をスパイすることを合法化しました。

２０１３年には、１９９０年代に統合参謀本部で諜報活動をしていたジョウル・ハーディングをフィーチャーしたロイターの記事に、「アメリカ政府はシリコン・ヴァレー誕生時から軍部や諜報組織の人間をハイテク業界に送り込み、遠隔操作で監視できるハードウェア、ソフトウェアを組み込んだコンピュータを作らせている」と書かれていました。ハーディングは、ネット上の情報操作によるサイオプ兼マインド・コントロールの専門家で、「情報とは影響力行使の道具だ」と断言しています。

トランプ大統領が戻って来るまでの間は、テレビの前やケータイ電話／パソコンの近くにいるときは〝よそ行きの声〟で話し、〝よそ行きの顔〟をしておいたほうが身のためでしょう！

第9章

ウクライナの真実

◆第2次世界大戦後、CIAによりウクライナに配置された元ナチスたち

ウクライナの現状を正しく理解するためには、まずウクライナの歴史を知っておく必要があります。

『ディープ・ステイトの真実』と『フェイク・ニューズメディアの真っ赤な嘘』で、イヤというほど詳しく書いたことですが、ここでもう一度かいつまんで説明しておきましょう。

ウクライナは西欧とロシアの間の緩衝地帯として地政学的に特殊な位置にあるばかりではなく、天然資源（特に天然ガス）が豊富な穀倉地帯でもあるので、カバール（NATO率いるグローバリスト）にとってもロシアにとっても重要な地域です。

世界政府設立を目指すカバールは、偽旗工作による戦争と革命（第1次世界大戦、ロシア革命、第2次世界大戦）を起こして世界を西側と東側に分裂させた後、ウクライナでもステイ・ビハインド作戦を実施しました。

ステイ・ビハインド作戦とは、第2次世界大戦中にソ連が占領した領地内に、西側の人間がstay behind 残留して、パルチザンとしてレジスタンス活動を行う作戦で、連合軍の諜報組織が指揮を執りました。戦争が終わって冷戦が始まった後も、ソ連が侵略してきた場合に備えて

この作戦は続行されました。1947年にCIA、1949年にNATOが設立された後は、この2つの組織がステイ・ビハインド作戦の中核になり、ナチの戦犯やイタリアのファシストをリクルートしてレジスタンス活動のための訓練を行い、武器や資金も支給しました。

レジスタンス活動家はグラディエイター、彼らの活動はグラディオと呼ばれ、レジスタンス活動には自分たちが起こしたテロを社会・共産主義者の仕業と見せかける偽旗工作が多かったので、偽旗工作がグラディオと呼ばれるようになりました。

リクルートされた元ナチの数は2014年の段階で判明した数だけでも1000人以上で、彼らは新しい名前と新しいパスポートを与えられ、CIAやFBIに保護されていました。

1957年にCIAが制作した報告書の一部が2016年に公表され、CIAが第2次世界大戦直後から、リクルートしたナチス隊員をウクライナに配置して、ソ連破壊工作を行っていたことが明らかになりました。つまり、今、ウクライナで暴力をふるっているファシストは、ネオナチ（新しいナチ）ではなく、〝元祖ナチの2代目〟で、彼らが崇拝しているステパン・バンデラは、反ソのウクライナ人優越主義者で、第2次大戦後にCIAにリクルートされた筋金入りの凶悪なナチでした。

また、情報公開法に基づいて開示された別のCIA機密文書で、1950年代からCIAが対ソ作戦本部をウクライナに設置し、言語、人種、文化、経済の差異を利用して4200万人のウクライナ人の反ソ感情を煽るサイオプ（心理作戦）を展開し、暴動を起こさせ、内側からソ連を崩壊させようとしていたことも明らかになっています。ＣＩＡは第２次大戦中にユダヤ人を殺していたウクライナ人のナチや〝民族主義者〟に資金を提供した他、リーダー格の人間たちをニューヨークに連れて行ってサイオプやグラディオのテクニックなどを伝授しました。カナダの諜報機関も同じようなことを行っていました。

ウクライナの元祖ナチたちはバンデラの指揮下でソ連破壊活動を行っていましたが、１９５０年初頭にソ連政権が安定した後、彼らの約半数（15万人ほど）は投獄され、残りは西側諸国に逃亡し、北米にも多くのウクライナ人のナチが移住しました。

一方、投獄されたウクライナ人のナチたちは、１９５５年にフルシチョフ書記長の恩赦を受けて釈放されました。その後、彼らは世界各地に移住して、ＣＩＡと連絡を取り合いながら、各国の政治経済システムの中に忍び込み、ウクライナ人優越主義思想に基づく国家建設のための画策を続けました。そして、ソ連崩壊後にウクライナが独立した後は、西側諸国がウクライナのナチたちを堂々と支援できるようになり、カバールとオバマがカラー革命を起こして、今に至りました。

北米に移住したウクライナ人は、ウクライナ人優越思想と自分たちのルーツ（＝元祖ナチ）を孫子の代まで受け継がせるために、バンデラを称える記念碑を建造し、今もなおバンデラを

ウクライナ人優越思想を奉じるウクライナ系北米人

カテリーナ・ユシチェンコ
（元ウクライナ大統領夫人）

クリスティア・フリーランド
（カナダ財務大臣）

アレクサンドラ・チャルパ
（米元民主党全国委員会幹部）

ウラナ・スプルン
（ウクライナ健康大臣）

称える集会を定期的に開いています。

1962年にはニューヨーク州エレンヴィルにバンデラを含むウクライナ人ナチの記念碑が建造され、英雄公園と名付けられました。1989年には同州のハンプトンバラ、2012年にはウィスコンシン州バラブーに同種の記念碑が建てられ、毎年夏になるとウクライナ系アメリカ人がこれらの記念碑の周りに集まって、数十万人のユダヤ人、ポーランド人、ロシア人を虐殺したバンデラを称え、ウクライナ系アメリカ人の子どもたちはバンデラに敬意を表する儀式が含まれたサマー・キャンプを行っています。

カナダのクリスティア・フリーランド外相の祖父がウクライナのナチだったことは誰もが知る事実ですが、優生学賛同の立場から中絶を支持していたギンズバーグ最高裁判事の父親もウクライナから移住してきたユダヤ人でした。

チャルパ偽情報拡散三姉妹（2016年の大統領選中、ヒラリーを勝たせるためにウクライナ大使館と共謀してロシア疑惑を吹聴したアレクサンドラ、ウクライナのカラー革命直後にソロスの資金援助を受けて情報統制を行ったイリーナとアンドレア）の祖父母は第2次大戦後にソ連からアメリカに移住したウクライナ人でした。

2016年にウクライナの健康大臣になったウラナ・スプルンも、アメリカにウクライナから移住した元祖ナチの両親のもとで、嫌ロシアの洗脳教育を受けて育った筋金入りのウクライナ人優越主義者です。アメリカで生物学を学んだ後、ウクライナ系カナダ人の夫（類は友を呼ぶ！）と共に2013年にウクライナに移住して、健康大臣に抜擢されました。

スプルン夫妻の例は氷山の一角です。ソ連崩壊後、独立したウクライナに世界各地から元祖ナチ、及び2代目ナチのウクライナ人が集まって、ウクライナ人優越主義国家の建設が始まり、カバールも彼らを支援しました。

◆ユーロマイダン暴動はオバマが起こしたグラディオ

そもそもゴルバチョフがソ連解体に合意した最大の理由は、ジョージ・ブッシュが「NATOは1インチたりとも中央ヨーロッパ、東欧に進出しない」と約束したからでした。しかし、カバールはこの約束を破り、中央ヨーロッパや東欧のみならず、旧ソ連傘下《さんか》のエストニア、ラトヴィア、リトアニアもNATOに組み入れて、兵器を配置し、ロシアに対する威嚇を続行しました。

西側で〝ウクライナ情勢に詳しい〟と言われている人たちの多くが、「ウクライナでネオナチが台頭し始めたのは2005年にヴィクトール・ユシチェンコが大統領になった時期だった」と解説していますが、この言い方は間違っています。正しくは、「第3代大統領のヴィクトール・ユシチェンコ政権下で、元祖ナチが返り咲いて、反ロシア・ウクライナ国粋主義のイデオロギーに基づく国作りが本格化した」と言うべきです。

ユシチェンコは、IMFの借金奴隷と化したウクライナの国立銀行理事長（＝カバールの操り人形）で、1999年に首相になりました。ユシチェンコのハンドラーは、1998年に結婚した2人目の妻、カテリーナです。

カテリーナは、ウクライナから移住した元祖ナチの両親のもとで育ったウクライナ系アメリカ人で、子どもの頃からウクライナ人優越主義国家建設を目指していました。レーガン政権、父ブッシュ政権下で財務省、国務省に勤務した後、1991年にウクライナに移住して自分の目的達成のために役立つ結婚相手を探していました。

ウクライナ外務省で働いていたアンドリー・ミシンは、こう語っています。

「ウクライナをリードできる権力者と結婚しようと企んでいたカテリーナは、ユシチェンコのアシスタントに、キエフからワシントンに行く飛行機の中で（当時は銀行家だった）ユシチェンコのそばに座らせてくれ、と頼みました。9時間のフライトの後、ユシチェンコはすっかり彼女に惚れ込んで、2人の子どもと妻を捨てて、カテリーナと結婚することにしたのです」

ユシチェンコ政権下のウクライナは欧州連合に大接近しましたが、2010年にロシア寄りのヤヌコヴィッチが大統領になって、1990年からウクライナに侵入していたソロスとIM

Fの借金奴隷化政策に歯止めがかかり、2014年にユーロマイダンで暴動が起きました。CIAの偽情報拡散機関であるウィキペディアは、これを「ロシア寄りのヤヌコヴィッチ政権に反抗するキエフ市民のデモ隊に政府が暴力をふるって大量の死者が出たが、最終的に市民がヤヌコヴィッチを追い出した尊厳革命」と伝えています。ウィキペディアは、〝記されていることの正反対が事実だ〟と承知の上で読めば、非常に便利な情報源です。ユーロマイダン暴動は、〝常にロシアが悪い〟という誤ったステレオタイプを人々の深層心理に繰り返し刷り込むためにオバマが起こしたグラディオでした。これは、この2年前に大々的に行われたマグニツキーのサイオプ（大嘘つきのビル・ブラウダーが〝ロシアが正義感の強い弁護士、マグニツキーを投獄して殺した！〟と吹聴）と併せて、反ロシア感情をさらに深めるために役立ちました。

大手メディアは、「ユーロマイダン革命直後にブレナンCIA長官がウクライナを訪れて、CIAがウクライナに協力することにした」、「ユーロマイダン革命後にCIAが、ロシアのクリミア侵略後に英国軍がウクライナ兵の訓練を始めた」と伝えていますが、これもカバールお得意のミスディレクションです。フェイク・ニューズがご丁寧にこんなことを報道したのは、「CIA、英国軍の関与が〝尊厳革命が終わった後〟、〝ロシアのクリミア侵略の後〟に始まった」と思わせるためです。カバールはずっとウクライナにステイ・ビハインドして（居残って）いましたし、CIAが第2次世界大戦後ずーっとウクライナを拠点にして暗躍していた史実は、すでに情報公開法でCIAが開示した文書にハッキリと記されています。MI6もCIAも英米の軍人も、少なくともソ連崩壊後からウクライナ入りして元祖ナチのウクライナ人を指導していましたが、ロシアのクリミア進出後、「ロシアの侵略軍に対抗するため」という口実ができたので、堂々とウクライナ兵や世界中から集めてきた傭兵を訓練できるようになっただけのことです。

何度も書いていることですが、ロシアがクリミア入りしたのは、オバマの傀儡政権がロシア語使用を禁じ、ロシア系ウクライナ人虐殺を続行していたので、クリミアで圧倒的多数を占めるロシア系ウクライナ人が住民投票でロシア帰属を望み、プーティン大統領に援助を依頼したからです。しかし、大手メディアのサイオプのおかげで、ロシアが悪者とされてしまったせいで、この後は元祖ナチのアゾフ大隊が、堂々とNATOの訓練を受けていることを自慢し始めました。これも、大手メディアは、「NATOや英国軍がジュネーヴ協定に従った正しい戦闘方法を教えている」と、美談に仕立て上げました。

ちなみに、アゾフ大隊の元で傭兵になりすまして証拠を集めた元米軍兵、ジョン・マッキンタイアは、「彼らは筋金入りのナチで、一般人を殺しただけではなく、わざと人の多い場所に兵器を置いて、住民を人間の盾として使い、ロシア軍に殺させようとしていた」と、語っています。大手メディアは、マッキンタイアに徹底的な人格殺害を行い、「これは単なるロシアのプロパガンダだ」と報道し、シープルを騙し続けています。

◆不正選挙のリハーサルをウクライナで敢行していたオバマ

オバマの指揮下で、このようなサイオプを管理したのは、ジョウル・ハーディング（220ページ）でした。オバマ政権は、ウクライナ政府に情報省を設置して、カバールにとって不都合な真実を告げるジャーナリストを〝ロシアの手先〟と呼んで人格殺害・糾弾し、ロシアの報道機関をイスラム国と同等のテロ集団と定義しました。さらに、グーグルの協力も得て、不都合な情報（＝真実）が検索できないようにした上で、真実を告げるジャーナリストやオバマのウクライナ政策を批判する議員を反抗分子扱いして政府の監視下に置きました。

オバマの指揮の下で、ヴィクトリア・ニューランド（ヌーランド）がウクライナの大統領を決めていた経緯は、『ディープ・ステイトの真実』で詳しく書いたのでここでは省略します。

しかし、オバマがウクライナに10億ドルのローンの他にOSCE監視下で公正な選挙を行うために5000万ドルの支援金を与えたことは、何度書いても書き足りない史実です。

OSCE（欧州安全保障協力機構）は、Scytl サイトルという電子投票機を使って不正選挙を行っている機関です。2014年のウクライナの不正選挙は、オバマにとってはリハーサルのようなもので、その後、オバマは不正選挙遂行の技術に磨きをかけて2020年の大統領選で大々的な不正を実行しました。

オバマは在任中、バイデンを表の顔としてウクライナを仕切り、カバール側のポロシェンコを大統領に据え、ハンター・バイデンが重役になったブリスマ（天然ガス会社）や、ハンターが投資したメタバイオタからあぶく銭を稼いでいました。

ハンターのラップトップに入っていた「儲けの10パーセントはビッグ・ガイに」のビッグ・ガイ（大物、ボス）は、ジョー・バイデンだと思われています。しかし、国税庁がビッグ・ガイに関する調査を禁じたことや、ハンターが儲けの5割を常にジョー・バイデンに渡し、ジョーの家の改築費や電話代までも払っていたことを思うと、ビッグ・ガイはオバマ以外の何者でもないでしょう。ジョー・バイデンはトカゲのしっぽ切りで切られる小物です。副大統領時代やトランプ政権時代にディープステイトが守ろうとするような大物ではありません。さらに、本物のバイデンはすでに死んでいて、今のバイデンは偽物です。ディープステイトはオバマ保護の防波堤の役割を果たしている偽バイデンを守っているだけです。

オバマは、大富豪たちの避暑地、マーサズ・ヴィンヤードに1200万ドルの豪邸を所有しているほか、シカゴ、ワシントンDC、ニューヨーク、ハワイにも高級マンション、豪華な別荘を持っているので、資産税もバカになりません。本の印税とネットフリックスとの契約費だけでこのような生活水準を保つことはできないので、他になんらかの収入があるはずです。

２０２３年にハンターのＥメールが公開され、ブリスマがハンターを雇ったのは父親（当時の副大統領）の影響力を行使して、ブリスマの汚職捜査をやめさせるためだったことが明らかになりました。ハンターがブリスマの重役になった後、ジョー・バイデンがポロシェンコ大統領に、「あの検事（ブリスマの汚職捜査をしているショーキン検事）を辞めさせないと、10億ドルの援助金を渡さないぞ」と言って、ショーキン検事を辞めさせましたが、副大統領に援助金の行方を左右する権限はありません。また、そもそもブリスマがハンターを雇った経緯も、ブリスマがオバマに汚職捜査のもみ消しを頼み、オバマが交換条件としてブリスマからカネをせしめるためにバイデン親子を利用した、と、考えたほうが筋が通っています。何度も書きますが、オバマは祖母の代から3世代に渡ってカバールに使えている工作員です。上院議員当選直後に妻と子どもが死んだ（ロバート・デイヴィッド・スティールは、これは生贄の儀式だった、と言っていました）後に、カバールの手下になったバイデンとは格が違います。オバマのお墨付きなしにバイデンが悪事を働けるはずはないので、やはり真の黒幕はオバマです。

ロシア疑惑の源を調査したダーラムの報告書でも、すべてを仕切ったのはオバマだったことが証明されているので、やはりビッグ・ガイ（大物）はオバマでしょう。

◆プーティンが「非ナチ化作戦」と言う本当の理由

そもそも、オバマは上院議員時代からカバールの最終目的であるワン・ワールド達成のために、ウクライナを使ってロシアを解体するグラディオの工作員として活動していました。

2000年にアメリカの軍産複合体がウクライナのバイオラボ（生物学実験所）に莫大な投資を開始した5年後の2005年、上院議員になったばかりのオバマは、ルーガー上院外交委員会委員長と共にロシアとウクライナに出張しました。オバマたちは、まずロシアでソ連時代の核兵器解体作業の視察をした後、ウクライナでアメリカの研究者が研究をするためのバイオラボ建設のコーディネートをする予定でした。研究内容は、表向きは〝鳥インフルエンザや生物兵器対策のリサーチ〟とされていました。

しかし、ウクライナに発《た》とうとしたオバマ様ご一行は、ロシアの空港で拘留され、ロシアはアメリカ政府の飛行機の中を調べようとしました。モスクワにあるアメリカ大使館が外交特権違反を主張してロシア側と交渉し、オバマたちは3時間後に無事離陸することができましたが、そもそもロシアがこのような行動に出たのは、プーティン大統領がすでにこの時点でオバマたちの真の目的を知っていたからです。オバマがウクライナにバイオラボを建設したのは、生物兵器対策研究のためではなく、エボラ・ウイルスなどの危険なウイルスを使った細菌兵器や生物兵器を開発するためでした。

オバマが大統領になった後、ウクライナでの生物兵器開発が本格的に開始され、2014年には、ローズモントセネカ（ハンターとジョン・ケリーの義理の息子の会社）の社員がメタバイオタの重役になりました。メタバイオタを含むウクライナのバイオラボは国防省の資金援助を得て、ウクライナ各地から血液を収集して人体実験も行いました。2016年にはハルコフ（ハリキウ）にある〝アメリカのバイオラボ〟から〝誤って漏れた〟カリフォルニア風邪のウイルスのせいで20人の兵士が死亡し、200人の兵士が病気になりました。これは、ロックフェラーのワクチンを打った兵士がスペイン風邪で死んだ経緯とまったく同じです（スペイン風邪の詳細は『カバールの正体』、『フェイク・ニューズメディアの真っ赤な嘘』参照）。

2022年にプーティン大統領がウクライナに進行したのは、ドンバスなどの地域でウクライナに虐殺されているロシア系ウクライナ人を救うためだけではなく、オバマが作ったバイオラボを制するためでもありました。バイオラボにあった資料を押収したロシアは、ウクライナのバイオラボでスラブ系民族のみを殺害する生物兵器が開発されていた証拠を提示し、元祖ナチのウクライナがロシア人のホロコーストを目指していたことを明らかにしました。これで、プーティン大統領がウクライナに対する軍事行動を〝非ナチ化作戦〟と呼んでいた理由が明快に理解できます。

ＣＩＡの拠点であるウクライナは、ＣＩＡの資金源である人身売買の拠点でもあるので、オバマがウクライナに大金をつぎ込んで傀儡政権を樹立したのも頷《うなず》けます。

２０２２年にロシアがウクライナで非ナチ化作戦を展開した後、カバールは偽旗工作を連発していますが、特に卑劣なのは〝ホワイト・エンジェルズ〟と呼ばれる団体の非行です。大手メディアは、彼らのことを「ロシアのミサイルで破壊された地域から子どもたちを救い出しているウクライナの英雄たち」と書いていますが、嘘もここまで来ると犯罪です。

ホワイト・エンジェルズは、ウクライナ軍が破壊した街で生き残ったロシア系ウクライナ人の子どもたちを集めて連れ去る人身売買業者です。彼らがさらっていくのは戦争孤児ばかりではありません。親がいる子どもたちのことも、親に銃をつきつけて、親から引き離して、拉致しています。元祖ナチのウクライナ人ならではの卑劣な行為です。

極悪非道な団体を英雄扱いして人々を騙す大手メディアのこの手口は、シリアで化学兵器攻撃の偽旗工作を仕組んでいたホワイト・ヘルメットをヒーロー扱いしたメディアのサイオプにそっくりです。ホワイトで始まる名称まで似ています。カバールのやることはワン・パターンで芸がありません。愚鈍なシープルが騙され続けているので、カバールも高をくくって手を抜いているのでしょう。みなさんの周りにシープルがいたら、こう注意してあげましょう。「あなた、カバールに見くびられてますよ！」

◆ウクライナはオバマとカバールの犯罪の拠点

最後に、ウクライナの腐敗を物語る事項の一部をおさらいしておきましょう。

- 民主党本部のコンピュータをハッキングしたのはロシアだ、と嘘をついたクラウドストライクは、ウクライナ人の大富豪、ヴィクトール・ピンチュクの資金援助を受けている。ピンチュクの義父はクチマ元ウクライナ大統領で、ピンチュクはクリントン財団に少なくとも2500万ドル寄付している。
- 民主党全国委員会のコンピュータ・ハッキングの犯人とされた〝ロシアのハッカー集団〟ファンシー・ベアーは、実は反ロシアのウクライナのハッカー組織でウクライナとアメリカのためにハッキングをしている（ウィキリークスがリークした民主党全国委員会のデータはセス・リッチがダウンロードしたことは『カバールの正体』参照）。
- オバマ政権司法省でウクライナ担当顧問だったロバート・ストーチは、当時のウクライナ大統領、ポロシェンコからウクライナ政府の反汚職局の長官になってほしいと頼まれていた（ワシントンの支配層がトランプ大統領にストーチを押しつけ、ストーチはトランプ政権NSA監察長官になった後、バイデン政権の国防省監察長官になった）。
●ブリスマではハンター・バイデンとジョン・ケリーの息子が一儲けしたが、ペロシの息子もウクライナの天然ガスで儲けていた。
●ミット・ロムニーのアドヴァイザー、ジョゼフ・コファー・ブラックもブリスマの重役となって儲けていた。
●ロムニーの息子、タグ・ロムニーはウクライナの不正選挙に使われたハートシヴィック（電子投票機のソフトウェアー会社）に投資していた。
●偽情報拡散隊長、アダム・シフ民主党下院議員の資金収集係りのイゴール・パスターナックは、ウクライナからアメリカに移住したユダヤ系大富豪ビジネスマンで偵察気球・兵器製造会社、ワールドワイド・エアロ・コープの社長。同社はウクライナの第1次カラー革命（オレンジ革命）の後、2005年にDARPA、2010年には国防省と契約を結び5000万ドルの援助金を支給された。さらに、ロシアのクリミア進行とロシア疑惑のおかげで〝ロシアの脅威〟が増した後、ウクライナに偵察気球を支給することになった（ウクライナが兵器などを買うカネはアメリカの支援金から出ている＝資金洗浄）。パスターナックは、2013年から2014年の第2次カラー革命に至るまでの間、〝ウクライナ事情通〟としてアメリカ人議員たちにウクライナ情勢に関してレクチャーをして、議員たちの取るべき政策に影響を与えていた。

●ウクライナがもらった莫大な支援金はＦＴＸ（倒産した暗号通貨取引所・ヘッジファンド）を経由してカバール側の政治家に還元されていた。

●アメリカ政府がウクライナに送ったジャヴェリンなどの兵器はメキシコの麻薬・人身売買カルテルに渡っていた＝ウクライナは資金洗浄に使われている。

●ヨーロッパに穀物を供給するウクライナの農地を外国企業が買いあさっている＝意図的に食糧不足・食糧危機を作り出せる。

●戦後の再建・復興をブラックロックとＪＰモルガンが援助＝ディープステイトの胴元が戦争で儲けた後、復興でも儲けて、ついでに資金洗浄も行い、ウクライナを完全に乗っ取る。

●ゼレンスキーのふりをしたコメディアンのいたずら電話にだまされたキッシンジャーが、「（ノルドストリーム・パイプラインを爆破したのは）あなたでしょ。私はあなたを批判しませんよ」と本音を言ってしまった。

ウクライナは悪の巣窟《そうくつ》で、オバマとカバールの犯罪の拠点です。

偽バイデン政権（オバマ政権第３期）や西欧諸国が必死になってロシアを挑発しているのは、核爆弾でウクライナを破壊し、カバールの悪事の証拠を抹消したいからです。

第10章

すべての悪はオバマに帰する

◆偽バイデンを操るオバマ

被害者意識むき出しの黒人による暴動、我が物顔で福祉を要求する不法移民、デジタルＩＤ、極端なＬＧＢＴＱ奨励政策、インフレと不況の激化など、現在のアメリカを蝕《むしば》むすべての悪の土台を築いたのはオバマです。

冒頭でお伝えしたとおり、カバールはオバマとヒラリーの16年でアメリカを破壊しようと企んでいました。

そして、ヒラリーの後にミシェル・オバマ（＝ビッグ・マイク）を大統領にして、２０２３年に中央銀行デジタル通貨を導入し、リアルＩＤを義務化して、世界中の人々を「15分の街」（学校も職場も商店もアパートから徒歩・自転車で15分以内に行ける環境に優しい街）に閉じ込めるつもりでいました。

ロバート・デイヴィッド・スティールは、「数字にこだわるカバールが目標を２０２３年に定めたのは、23という数字がカバールにとって大切な数字（人間の染色体の数も23組）だからで、トランプ大統領に企てを破壊された後は、目標達成の年を２０３０年に変更した」と言っていました（カバールはゼロは数えないそうです。読者の皆さんの中には、ロバート・デイヴィッド・スティールのみが情報源の話は信じるべきではない、と思われる方もいるかもしれません。しかし、「ウクライナ、アラブ諸国の革命はオバマがしかけた偽旗工作」、「ＩＳＩＳはオバマが作った」、「ロシア疑惑は民主党がでっちあげた」、「ウクライナ疑惑はオバマのスパイゲイト」、「コロナウイルスは生物兵器」、「コロナのワクチンは人口削減の道具」、「不法移民の子どもは人身売買されている」、「ハンター・バイデンのラップトップは本当にハンターのものだ」など、ロバートが発した情報のほぼすべてが、発信当時は陰謀論として小馬鹿にされたものの、後に真実だったことが明らかになっています）。

トランプ大統領にスケジュールを崩された後、オバマは手下を集めて、文字通りホワイトハウス大統領執務室の隣にウェストエグゼク・アドヴァイザーズというコンサルティング会社を作り、トランプ政権をスパイし、トランプ倒し作戦を展開しました。そして、２０２０年の大統領選で大規模な不正を行って偽バイデンを勝たせた後は、オバマが偽バイデンを操って、ヒラリーが執るはずだった政策を執らせて今に至っています。

２０２０年12月、オバマは元コメディアン、スティーヴン・コルベア（カバールの偽情報配信係）のインタビューで、第3期オバマ政権があったらいいのに、と思うかどうかに関して、こう答えていました。「代理人を立てて、僕は地下室でスウェットシャツを着て、その人物のイヤフォンに言うべきことを伝えて、その人が僕の言ってることをしゃべってる、っていうんでも、いいと思ってる」

これは、ジョークではなく真実でした。偽バイデン政権は、オバマの第3期です。

トニー・ブリンケン（バイデンの国務長官、オバマの国務副長官）、ジェーン・サキ（バイデン政権前期ホワイトハウス報道官、オバマ政権ホワイトハウス広報部長）、リサ・モナコ（バイデン政権司法長官代理、オバマ時代の国土安全保障アドヴァイザー）、アヴリル・ヘインズ（バイデン政権国家情報長官、オバマ時代のCIA副長官）、マット・オルセン（バイデン政権司法省国家安全保障部門司法次官補、オバマ政権国家テロ対策センター長官）など、偽バイデン政権の要人の多くはウェストエグゼク・アドヴァイザーズにいた人間＝オバマの直属の部下です。

オバマ・トランプ政権移行準備チームのメンバーにも、オバマはウェストエグゼク・アドヴァイザーズで今も活躍しているミシェル・フロノイを忍び込ませ、オバマ時代の国防副長官、ロバート・ワークをキープさせました。ワークは、2017年7月14日に退職し、その後ウェストエグゼク・アドヴァイザーズのメンバーになっています。これは、カバールのステイ・ビハインド作戦そのもので、フロノイとワークは内側からトランプ政権を倒すためにオバマが送り込んだグラディエイターでした。

ウェストエグゼク・アドヴァイザーズのメンバーではありませんが、今の司法長官のメリック・ガーランドも、オバマが最高裁判事に任命しようとした極悪人です。

現在ウェストエグゼク・アドヴァイザーズ顧問のジョン・ブレナンは、オバマがＣＩＡ長官に任命する前の数年間、中国と関係があるルクセンブルクのスパイ組織、ジ・アナリシス・カンパニー（ＴＡＣ）や、元英国軍人のダミアン・パールが作った傭兵派遣会社のグローバル・ストラテジーズ・グループの重役を務めていました。

ブレナンは、オバマ政権時代の数々のグラディオを直接指揮した人物です。しかし、表の顔は〝アラビア語を学んだイスラム通〟で、オバマと共に〝イスラム教のテロが頻発している間もイスラム教を守っている人道主義者〟のふりをし続けました。そして、〝過激派イスラム教テロリスト〟などの反イスラム的な表現を禁じて、テロリストが叫ぶ〝アッラーフ・アクバル〟（アッラーは、他の存在より偉大である）を〝ゴッド・イズ・グレイト〟（神は偉大なり）と書き換える、などの方針を大手メディアに実施させ、保守派を激怒させました。これも、保守派とリベラル派の溝を深めて、アメリカを二分するための手段の１つでした。

◆オバマを絶賛した大手メディアのサイオプ

大手メディアとオバマの関係を正しく理解するためには、２００８年の大統領選民主党予備選の時期までさかのぼらなければなりません。

２００７年にワシントン・ポスト紙のエズラ・クライン記者が、約１６０人の大報道機関記者・コメンテイター、有名大学教授、左派活動家を集めて「ジャーノリスト」（JournoList）という組織を結成しました。彼らは、オバマ出馬当初から裏で連絡を取り合って（＝共謀して）、オバマのライヴァルを批判し、オバマ支援の一貫性のあるメッセージを拡散し続けて、オバマを救世主と見せかけるサイオプを行っていたのです。

ジャーノリストは、オバマを批判する人々へもコーディネートされた攻撃をしかけ、ちょっとでもオバマの政策に批判的なことを言ったり、オバマの経歴に疑問を抱いた人たちは、大手メディアから一斉に〝人種差別主義者！〟と呼ばれて叩かれました。

２０１０年にジャーノリストの共謀が明らかになった後は、この組織は自然消滅した、とされています。しかし、組織自体がなくなっても、大手メディアの共謀は続き、トランプ政権時代にはＦＢＩ、ＣＩＡ、ＮＳＡ、司法省、国防省の天下りの連中がツイッターやフェイスブック、グーグルなどに潜入してトランプ大統領批判を繰り返していました。

２００８年の選挙キャンペーン中からオバマ１期目半ばまで、幼稚園児や小学生がオバマを救世主として称える歌を歌ったり、中学高校、大学でオバマを絶賛する授業が行われていたのは、もともと極左思想の人間が多い教育現場がジャーノリストのサイオプに乗せられて、オバマ崇拝カルトと化してしまったからでした。文化大革命時代の中国の児童が毛沢東を称えた歌

オバマ支持者のほうがよっぽどカルト教団のように見える。
“We'er goona change the world.” とオバマ応援歌を歌う子供たち

(https://www.youtube.com/watch?v=TW9b0xr06qA)

んになれます。

を歌ったのと同じノリで、オバマ崇拝ソングを歌う不気味な子どもたちの映像は、ここでごらんになれます。

https://www.youtube.com/watch?v=TW9b0xr06qA

大手メディアは、よく、「トランプ支持者はカルト教団の信者のようだ」と言っていますが、カルト教団の信者はオバマ支持者のほうです。

選挙キャンペーン中に、〝イエス・ウィ・キャン！〟と、視点の定まらない目で叫び続けるオバマ支持者たちこそが、不気味なカルト集団で、彼らはサイオプの犠牲者でした。〝ホープ&チェンジ〟という実態のないスローガンと、〝黒人だ〟ということだけでオバマを崇拝したオバマ支持者は、集団催眠にかかったカルト教団の信者です。〝国境に壁を建設する〟、〝中国製品に関税をかける〟、〝アメリカ人の利益を優先する政策を採る〟、〝国旗、国歌を敬愛し、メリー・クリスマス！、と言えるようにする！〟などの具体的な政策に共感してトランプ大統領を敬愛しているトランプ支持者と、オバマの支持者は根本的に異なります。

しかし、ジャーノリストのメンバーを筆頭に大手メディアが一丸となってオバマを守り、オバマを救世主として絶賛していたので、このサイオプに大衆はまんまとひっかかってしまったのです。民主党候補になったときは、オバマ自身も、このサイオプに便乗し、古代ギリシアの神殿のようなセットの前で、スピーチライターが書いてくれた原稿を読む自分の声に陶酔して、ローマ皇帝のノリで演説していたので、オバマはまさにサイオプ大将です。

ちなみに、当時、大手メディアは、「オバマのキャンペーン資金は9割以上が小額寄付者で、ふだんは投票しない若い世代がオバマに投票したのでオバマが当選した」と盛んに報道していましたが、後に、これも大嘘だったことが判明しています。

◆オバマのスピーチライター、ベン・ローズの情報操作

報道機関は、そもそもカバールの偽情報拡散組織であり、諜報組織は新聞社やラジオ局の出先機関として誕生しました（詳細は『カバールの正体』参照）。息子ブッシュ時代までは報道機関に偽情報を提供したのはCIAなどの諜報機関でしたが、オバマ時代にはホワイトハウスのスピーチライターなどがでっちあげたお話が、報道機関に〝ニュース〟、〝特ダネ〟として配信されるようになりました。

フェイク・ニューズ配信元となったのは、1977年生まれのベン・ローズでした。元々は小説家を志望していたローズは、オバマのスピーチライターになった後、国家安全保障問題戦略通信担当の大統領補佐官代理という偉そうな肩書きをもらい、オバマの政策に密接に関わっていました。

記者、コメンテイター、SNSのインフルエンサーたちを駆使して情報操作をするローズの手腕を絶賛し、ニューヨーク・タイムズのデイヴィッド・サミュエルズ記者は2016年5月5日に、こう書いています

「オバマ同様、ローズは小説家のように、パーソナルな視点から政治を語って目的を達成することができるストーリーテラーである。彼は、ヒーローと悪役、彼らの葛藤と動機を、慎重に選ばれた形容詞、高官の発言、匿名の高官からのリークを駆使して、首尾良く包括的な筋書きとして構築していく。伝統的報道機関の砂のお城がソーシャルメディアという波に破壊された時期に、オバマの外交政策を分かりやすく説明して売り込む達人、それがローズだ。この新しいメディア環境を操作し、形作る能力を備えたローズは、何人もの政策アドヴァイザーや外交官、スパイよりも効果的で、強力な大統領の意志の伝達者だ。通常、国家の命運を左右するような地位に就く前に必要とされる、軍隊や外交官としての経験、あるいは創作・文芸ではなく国際関係学の修士号などの、従来の実社会での経験なしに、ローズがこの地位に就いたのはやはり驚くべきことだ」

サミュエルズ記者は、過去7年間に渡って、腹話術師のように記者やコラムニストの言葉を操ってきたローズの手腕は、テレビ・ドラマの『ザ・ホワイトハウス』のクリエイターに匹敵する、と褒め称えています。そして、インターネットで無料でニュースが読めるようになった

せいで、紙媒体の売上げやテレビの報道番組の視聴率が落ちた時期に、奇《く》しくも戦略通信担当大統領補佐官になったローズの言葉を引用し、こう伝えています。

「〝昔はどの新聞社も海外支局を持っていたけど、今は持っていません。記者たちは、モスクワやカイロで何が起きているかを報道するために、私たちに電話をかけてくるのです。ほとんどの新聞社はワシントンから世界の出来事を報道しています。僕たちが話をする記者の平均年齢は27歳で、政治キャンペーンに携わった経験しかありません。これは大変革ですよ。彼らは文字通り何も知らないのです〟

このような環境だったので、ローズは一度に多くの人々を腹話術師のように操ることができた。ローズのアシスタントを務めるネッド・プライスは、そのやり方を教えてくれた。ホワイトハウスがニュースを形成する最も簡単な方法は各省庁の記者会見だが、〝名前は言えませんが、僕たちにはメッセージを増強してくれる仲間がいるんです〟と、プライスがコメントした。私（サミュエルズ記者）が、〝知ってますよ〟と言って、よくホワイトハウスの意向に沿うツイートをしているワシントンの著名な記者やコラムニストたちの名前を挙げると、プライスは笑っていた」

さらに、サミュエルズ記者は、ローズがイラン核合意を売り込むために大嘘をついたことも、非常にポジティヴに伝えています。

「イラン核合意を売り込むためのローズの想像力に富んだ戦略は、今後の政権が議会や国民に外交政策を説明する際のモデルとなるだろう。イラン核合意の経緯は、こう説明されている。〝2013年にイランに穏健派政権が誕生したので、オバマ政権はイラン高官とイラン核合意の交渉を始めることにした〟。これは、イラン核合意を売り込むための作り話だった。実際は、オバマは政権誕生当初からイラン核合意の成立を目標として掲げ、イラン高官との交渉は2012年に始まっていた」

この後、サミュエルズ記者は、イランで穏健派政権が誕生したときに、機を見て敏の行動を取ったローズを褒め、このような口実無しに〝イラン核合意の話し合いが進行中だ〟と伝えていたら、イスラエルやタカ派から潰されていただろう、と書いています（ロバート・デイヴィッド・スティールが、「イラン核合意成立後に、オバマがイランに送った17億ドルのキャッシュの一部がウクライナやヴァチカンに横流しされて、2020年の大統領選で不正を行うための裏金として使われた」と言っていたことも、忘れてはなりません）。

この記事からも分かるとおり、ローズの情報操作は不都合な情報を潰すだけの世論操作を通り越して、あらゆるメディアをオバマ政権が捏造したフェイク・ニューズで塗りつぶすサイオプでした。

情報をコントロールする者が大衆をコントロールする、というカバールの戦術を熟知しているオバマは、巨額の資金を投じてＤＡＲＰＡに〝ミームを使って世論調査、マインド・コントロールをする戦術〟を開発させました。これは、表向きは〝ミームを武器化してイスラム国支持者の心を変えるためのサイオプ〟とされていました。しかし、オバマは、嫌米感情や白人に対する黒人の怨念などを煽るために、ＤＡＲＰＡが開発したミーム戦術をアメリカ国内で展開しました。

◆嫌米・反キリスト・反警察・反白人思想を定着させたオバマ

オバマ時代にアメリカで嫌米思想、アンチ白人思想、アンチ・クリスチャン、ＬＧＢＴＱ優越思想が一般化したのは、このサイオプのおかげでアメリカ中が「アメリカ人のマジョリティが嫌米、アンチ白人、アンチ・クリスチャン、ＬＧＢＴＱ優越思想を持っている」と信じ込んでしまったからです。

本当は、このような思想の持ち主はほんの一握りに過ぎません。しかし、メディアが彼らの声しか伝えないので、実際には圧倒的大多数を占める普通の人々が自分たちは少数派だと思って、愛国心や信仰心を自粛して黙りこくってしまい、極左の人間たちがますます幅を利かせるようになってしまったのです。

嫌米思想の植えつけを最初に行ったのは、オバマ夫人（ビッグ・マイク）でした。2008年2月、民主党予備選最中に、彼（女）は、「私は大人になって初めて、自分の国を本当に誇りに思います。バラクが出世したからというだけではなくて、人々が変化を渇望しているからです」と発言しました。

この後、ジャーノリストのタナハシ・コーツ（黒人のオピニオン・リーダー）が先頭を切って「アメリカはいまだに人種差別がまかり通っている国だ！」とコメントし、ジャーノリストのメンバーや、大手メディアのコメンテイターたちが一斉に同じ路線の主張を繰り返して、同調しない人たちやオバマを支持しない人たちは人種差別主義者呼ばわりされるようになりました。

保守派の人々は、オバマが大統領になれたことはアメリカが人種差別の国ではない証拠だと思いました。しかし、左派はオバマ当選後も「アメリカは人種差別主義者の白人が、黒人奴隷を搾取して建国した国で、いまだに人種差別が浸透している」と言い続け、彼らの主張のみが大手メディアやSNSで拡散され、嫌米主義が一般化した、と見えるようになりました。

また、オバマは選挙キャンペーンを始めた時から、「アメリカはキリスト教の国ではない」と主張していたので、オバマ政権誕生後は、単に政教分離を唱える人のみならず、キリスト教を積極的に排除したがる左翼の発言権が増大しました。

この風潮に乗って、元から左翼の教員組合が学校で忠誠の誓いを唱えることをやめたり、ハロウィーンやクリスマスを禁じたり（白人クリスチャン文化だから）、フットボールの試合の前に国旗掲揚や国歌を歌うことを禁じ、星条旗をプリントしたTシャツや星条旗のピンをつけていた生徒たちは罰を受けました。その上、シェイクスピアやテニスン（白人文化の象徴だから）なども授業から外されて、教育現場には激しい嫌米・反キリスト教・反白人思想が定着しました。

2013年にBLMが結成された後は、アメリカ中で嫌米・反キリスト教・反警察・反白人思想の人々が台頭し、彼らの活動が大手メディアやSNSで褒めそやされました。NFLの試合の前にアメリカ国歌が流されるときに、膝をついて〝白人のアメリカ〟に抗議したコリン・カペーニックは英雄として称賛され、多くのスポーツ選手がカペーニックのマネをするようになり、映画音楽業界のセレブの間でも反米・嫌米主義がトレンドになりました（国歌が流れている間は、直立して、左胸に右手を当てるのが通常の姿勢です）。

そのため、実は圧倒的多数を占める普通の人々は、ますます肩身の狭い思いをして、自分たちが少数派だと信じ込み、中道派は左派に迎合し、保守派はひたすら本音を隠して黙っていました。

〝不法移民〟、〝メリー・クリスマス〟などの言葉をヒスパニック差別、非キリスト教徒差別と見なして、〝アンドキュメンティド・イミグラント（登録されていない移民）〟、〝ハッピー・ホリデイズ〟と言い換えたのもオバマでした。報道機関もこれに従い、オバマ時代は〝不法移民〟、〝メリー・クリスマス〟は死語になりました。さらに、同性愛者のカップル差別撤廃のために、パスポートの〝母〟、〝父〟の欄を、〝ペアレント1（親1）〟、〝ペアレント2（親2）〟に変えようとしましたが、クリスチャンの団体から激しい抗議を受けて、この計画はボツになりました。

◆伝統的な家族を破壊する策略

２０１４年にも、オバマは取り返しのつかない罪を犯しています。オバマは、「女子大学生の5人に1人がキャンパスでレイプされている」という統計を根拠に、「レイプされた、と女子大学生が言った場合、犯人とされる男子学生は直ちに処分を受けなければならない」と、大学に命じました。このせいで、合意してセックスをした後に、後悔した女子学生に「レイプされた」と主張され、何の弁明もできずに退学処分になる男子学生が続出しました。オバマが大学に勅令を発した直後に、ローリング・ストーン誌が、ヴァージニア大学で複数の男子学生が女子学生をレイプしたことを糾弾する記事を書き、これが大きな話題になって、左派コメンテイターたちが〝女性学生を守るオバマ様〟を絶賛しました。

オバマが勅令の根拠にした統計は、10ドルのアマゾン・ギフトカードをもらってアンケートに答えた5446人の大学生を対象にしたオンライン調査で、まったく信ぴょう性がないものでした。その後、司法省は、「1000人に6・1人の女子学生がキャンパスでレイプ、性的暴行の被害者になっている」と発表しています。また、2016年11月には、ローリング・ストーン誌の記事もでっちあげだったことが判明し、記者（＝フェイク・ニューズ作者）のサブリナ・アードリーは名誉毀損で訴えられて、有罪になりました。

オバマの勅令のせいで、男子学生と女子学生の間に自然なロマンスが生まれることが激減し、若い世代の結婚率低下の原因になりました。つまり、この勅令も、男女の間の溝を深め、伝統的な家族を破壊するための策略だったのです。

こうしてオバマは、左派（真にアメリカを憎む左翼と、サイオプのせいで左翼が主流だと信じて左傾化した人々）と保守派、人種・性別の間の溝をかつてないほど深めて、国民を二分し、アメリカを激しく弱体化させました。征したい国を二分して、国民同士を戦わせ、内部から崩壊させる、というカバールのお家芸をアメリカ国内でここまで効果的に展開できたのは、オバマが人好きのする黒人だったからです。とりわけ、警察に対する憎しみの植えつけと人種間のいがみ合いの激化は、クリントンにもブッシュにもなし得なかった離れ業です。黒人のオバマは、正当な意見を言う人々と論理的な討論をする必要はありませんでした。オバマを批判する人々は、皆、大手メディアから〝人種差別主義者！〟と糾弾され、村八分にあったので、オバマは政敵が存在しない絶対王政時代の王様のように好き勝手な言動、政策を採ることができたのです。

◆オバマはヒラリーよりずっと序列が上のカバール

オバマが環境保護に力を入れたのも、グリーン化を口実にアメリカの製造業を中国やメキシコに移して、アメリカの国力を落とすためでした。地球温暖化に関しても、〝温暖化は自然現象だ〟と主張する科学者たちの意見はまったく報道されないので、アメリカ人の大半が、いまだにオバマ一味の主張が正しいと信じ切っています。

ウラニウム・ワンのスキャンダルも、保守派メディアまでもが「ヒラリー・クリントン国務長官の橋渡しでアメリカのウランをロシアに売り、クリントン財団がキックバックで儲けた」と、クリントン夫妻を悪者にしていますが、これも黒幕はオバマです（ウラニウム・ワンのスキャンダル：アメリカ国内ウラン資源の2割の採掘権を持つカナダの会社、ウラニウム・ワンをロシアのロサトム社が買収することを許可したオバマ政権のスキャンダル）。国務長官のヒラリーが、大統領であるオバマの〝頷き〟なしに、このような許可を出せるはずがありません。

そもそもウランをロシアの手に渡すことは、アメリカ破壊16年計画の一環として、どうしても必要な行程でした。カバールは、偽旗工作を行ってどこか（アメリカかヨーロッパの友好国、あるいは中東かアジア）で核爆弾を爆発させ、「核爆弾に使われたウランはウラニウム・ワンの買収でロシアが手に入れたものだった！」と主張し、ロシアかイラン、あるいは北朝鮮を犯人に仕立て上げて、第3次世界大戦を起こすつもりでいたのです。これが、Qのインテル・ドロップに出てくる〝サム・オヴ・オール・フィアーズ（SUM of ALL FEARS）〟（邦題、『トータル・フィアーズ』：ネオナチが起こした核爆発をロシアの仕業だと信じたアメリカが、ロシアを攻撃して第3次世界大戦が始まりそうになる、という筋書きの映画）です。カバールの企てを成功させるために欠かせない行程を、オバマが監視していなかったはずがないので、ウラニウム・ワンのスキャンダルも、もちろんオバマのスキャンダルです。

『フェイク・ニューズメディアの真っ赤な嘘』でご紹介した、ウォール街の内部告発者、パトリック・バーンのコメントを思い出してください。２０１６年初頭、彼は、「ヒラリーが外国政府の人間から賄賂を受け取る現場に居合わせて、収賄の証拠を摑んでほしい」と、ＦＢＩに依頼され、こう告げられました。「ヒラリーが大統領になることになっている。オバマは連邦政府のあらゆる部署に、自分に忠実な人材を配置しているんだよ。オバマは、ヒラリー収賄の証拠を司法省にいる自分の部下に握らせ、ヒラリーがオバマの意図に背くことがないようにするための抑止力として使うつもりなんだ。8年間、オバマが陰でヒラリーを動かし、その後は、ミシェル・オバマが大統領になるっていうわけだ」

自分が大統領の座を退いた後もヒラリーの言動を陰で操ろうとしたオバマは、コントロール・フリーク（自分がすべてコントロールしなと気が済まない仕切り屋）です。オバマ政権時代に行われた犯罪は、バイデンの収賄もヒラリーが金を出したロシア疑惑も、すべてオバマの仕業です。

◆オバマという存在自体が壮大なサイオプ

2020年の大統領選を盗んだ大泥棒も、もちろんオバマです。

ウクライナの他、ケニア、イスラエル、マケドニア、ホンジュラスなどの国々の選挙を不正操作したオバマは、アメリカの不正選挙にもしっかり関わっていました。オバマは、ソロスのオープン・ソサイアティなどの左翼団体の寄付で成り立つ民間選挙管理組織、ERIC《エリック》（エレクション・レジストレイション・インフォメイション・センター：選挙登録情報センター）との協力を各州に呼びかけました。おかげで、ほとんどの州が死者を有権者登録リストから外さないERICの情報を使い、ブルー・ステイツでは死者の不在投票が激増しました（2020年の大統領選挙の後、フロリダやテキサスはＥＲＩＣと手を切り、トランプ大統領も「すべての州がＥＲＩＣとの契約を破棄するべき」とコメントしています）。

また、オバマは、ソロスのカネでアリゾナ、ミシガン、ペンシルヴァニア、コロラドなどの激戦州で左翼候補を州務長官（職務の１つは選挙の管理）に当選させ、楽々と不正ができるようにしました。

振り返ってみると、コカインを吸って男娼と交わり、女装の男性と結婚し、アメリカ生まれと見せかけて大統領の座に就いた3代目ＣＩＡのオバマが、クリーンな政治的リーダーを演じていたこと自体が、そもそも想像を絶するサイオプだったのです！

私がこの原稿を書いている7月下旬の段階では、ＦＢＩや国税庁の内部告発者の証言で、オバマがバイデン一族の汚職（ルーマニアから１００万ドル、中国から３００万ドル、ウクライナから１７００万ドル）を知っていたことが明らかになっていますが、大手メディアではこの事実はまったく報道されていません。しかも、7月17日には、オバマが隠居先からしゃしゃり出て、レッド・ステイツの学校区が１４５ページ以下でご紹介したようなセックス本を図書館から排除したことを批判するコメントを発信し、大手メディアに大歓迎されています。

しかし、少なくともニューヨーク・ポスト、ワシントン・エグザミナーなどの一部の伝統的な報道機関、ブライトバートなどの保守派の情報サイト、ニュースマックス、ツイッター、トゥルース・ソーシャル、それに YouTube 以外の動画サイトでは真実が拡散されているので、カバールのサイオプの効力は日に日に弱まっています。

オバマの犯罪が露呈され、オバマが適切な処罰を受ける日が必ず訪れます。

忘れないでください。反逆罪の罰は死刑です！

あとがき

オバマの正体が暴露されるのは時間の問題です。

8月初旬には、若い頃のオバマが恋人に送った手紙に、「男性とセックスをしたい」と書かれていたことが明かされ、「オバマはアンドリュー・ブライトバート（ブライトバート・ニューズの創設者。2012年、43歳で突然死）とトム・クランシー（ハードボイルド作家。2013年、心不全のため66歳で死亡）を暗殺した」、「ビン・ラディン暗殺の芝居の隠蔽工作で、オバマが海軍シール・ティーム6の隊員を殺した」などの、オバマにとって不都合な記事がグーグルの検索でも出てくるようになりました。

8月中旬には、オバマの異母兄弟、マリクが、ケニアの服を着たオバマと一緒に撮った写真をツイッターに投稿。この写真は、2018年4月6日の「民族服を着たフセインがAK‐47を手にした写真が浮上し、ネットがシャットダウン」というQのインテルドロップにあった写真と同じです。当時、大手メディアは「ムスリムの格好をしたオバマの写真はフェイクだ！」と言っていましたが、マリクのおかげで、大手メディアこそがフェイクであることが、証明されました。Qは、この18分後のインテルドロップで、「オバマが誰に銃を向けているかが重要な点だ。レッド・ホワイト・アンド・ブルー」（赤、白、青は、星条旗のこと）と書いているので、ケニアの服を着たオバマが、星条旗かアメリカを象徴する何か、あるいは誰かに銃を向けている写真がそのうち浮上して、サイバー攻撃か停電が起きてインターネットが機能しなくなるかもしれません。

8月下旬には、SNSでオバマの出生証明書偽造疑惑が再燃し、9月には、オバマ政権下で堂々と行われたバイデン一族の贈収賄に関する下院の取り調べが再開されます。

一方、トランプ大統領は、シープル覚醒のためのシグナルを送り続けています。

まず、7月10日、大手メディアは、〝ニュークリア・フットボールを持つ女性陸軍兵士〟の写真を掲載し、重たいブリーフケースを持つ女性兵士と、女性兵士を抜擢したバイデンを称えました。ふざけるな！、としか言いようがないですね。

この女性の軍服の左腕についている記章（1つ星の下にUS ARMYと刺繍されている）は、2011年に廃止されたアセッションズ・コマンドという部隊の記章です。さらに、彼女は、左ポケットにつけるべきバッジをベルトのすぐ上につけ、女性兵士は左肩につけることになっている飾緒《エギュレット》（飾りのロープ）を右肩につけているではありませんか！

オバマの異母兄弟マリクがツイッターに上げた写真

Qのインテルドロップ1043

1043 Apr 06, 2018 3:17:40 PM EDT
Q !xowAT4Z3VQ ID: 03213a No. 922142

Apr 06, 2018 3:13:13 PM EDT
Anonymous ID: 6eea8a No. 922075

DVlPQMuWsAEGyfZ.jpg

Christian ? Christian Ring ?

>>922075
Pics will surface of Hussein holding AK47 in tribal attire.
One of many.
Net shut down.
Q

これを見た私の友だちの退役軍人たちは、みな笑い転げて、「ホワイトハットが軍部をコントロールしている証拠だ！　トランプ大統領は、我々に、バイデン政権下の出来事はすべて芝居だ、と教えてくれている！」と喜んでいました。

8月3日には、国防省の請負業者《コントラクター》として世論の推移をモニターしているドクター・ハルパー・ヘイズが、英国のニューズ番組で、「ジョージア州で起訴されたことで、トランプ大統領は宇宙軍が保存している2020年の不正選挙の証拠を裁判で提示でき、容疑者を召喚することもできるようになりました。2020年の選挙の後、バイデンは、破産したアメリカ企業の大統領になっただけです」と発言。〝2020年の選挙がカバールの悪事を白日の下に晒《さら》すためのおとり作戦だった〟と示唆する彼女のこのコメントを、トランプ大統領とフリン中将が絶賛し、トランプ支持者を喜ばせました。

この直後、ゴルフを楽しむトランプ大統領が着ていたTシャツの袖に、宇宙軍の記章がついていたことで、退役軍人たちは、「これは、宇宙軍があらゆる証拠を摑《つか》んでいる！、と知らせる合図だ！」と、察知しました。

カバールは、2021年1月に起きた機密文書持ち出しや選挙結果承認手続き妨害の容疑で、その2年半後にトランプ大統領を起訴し、共和党予備選の最中に裁判を行おうとしているため、左派の一部も、「これは選挙妨害だ！」と、気づき始めています。

バイデンの“ニュークリア・フットボール”を持つ女性兵士の間違いだらけのドレスコード

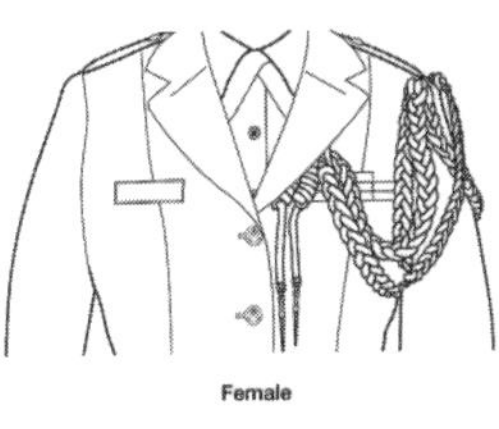

正しい飾緒の位置

2011年に廃止された「アセッションズ・コマンド」の記章

マウイの大火事も、大覚醒に役立ちました。まず、火事の最中に水道を止めたハワイ水道局長がオバマ財団アジア太平洋支部のリーダーであることや、道路を閉鎖して住民の逃避を妨害したマウイの警察署長が、2018年にはラスヴェガス警察署長としてラスヴェガス銃乱射事件（実は偽旗工作）の現場を仕切っていたことが発覚。2人とも明らかにカバールの手下です。さらに、火事が広がる速度が異常に早かったことや、オプラ・ウィンフリーなどの有名人の邸宅、青いもの（車、パラソル、ゴミ箱、青い屋根・壁の家）、樹木が燃えなかった異様な光景を見て、「DEW（ディレクティド・エナジー・ウェポン、指向性エネルギー兵器）で一般人の家を壊滅し、跡地を安値で買いあさって、〝15分の街〟か、カバールの軍事基地を作るつもりだろう」と、信じる人が激増しています。また、マウイの大火事の間、2度も夏休みを取り、ウクライナには何百億ドルも送ったくせにマウイ住人には1人700ドルしか与えないバイデンに、左派も呆れかえっています。

8月23日にフォックスで行われた共和党候補のディベートの視聴者数は1280万人でしたが、同じ時間帯に、ツイッターで拡散されたタッカー・カールソンによるトランプ大統領のインタビューは2億6300万人の視聴者数となりました。映画『サウンド・オヴ・フリーダム』も、8月31日の時点で、『ミッション・インポッシブル』、『インディアナ・ジョーンズ』

トランプ大統領の袖に
見える宇宙軍の記章

UNITED STATES
SPACE FORCE

MUG SHOT — AUGUST 24, 2023

ELECTION INTERFERENCE

NEVER SURRENDER!

DONALDJTRUMP.COM

の新作を越える大ヒットになり、大手メディアの衰退が明らかになりました。ＡＢＣ、ＣＢＳ、ＮＢＣ、ＣＮＮ、ＦＯＸ、ＭＧＭ、ＣＡＡ（ハリウッド最大のタレント・エイジェンシー）などのメディアがスリー・レター・エイジェンシーズ（ＣＩＡ、ＦＢＩ、ＮＳＡなどの諜報機関）と同じサイオプ組織だ、と気づく人も増えました。

８月25日には、トランプ大統領が、ジョージア州の拘置所で撮影された、とされる顔写真を、選挙干渉だ、絶対に諦めるな！ DONALDJTRUMP.COM というキャプションをつけてＳＮＳに掲載。キャプションの最初の文字をつなげるとＥＮＤとなります。さらに、トランプ大統領の身長と体重は、ＮＹで逮捕されたときは6フィート2インチ、２４０ポンドでしたが、ジョージアでは6フィート3インチ、２１５ポンドと発表されました。６＋３＋２＋１＋５＝17（アルファベットの17番目はＱ）で、トランプ大統領の囚人番号 P01135809 は、国防省ネットワーク情報センターのＩＰアドレス 11.35.80.9 と同じです！ トランプ支持者たちは、「やはり軍隊がすべてを仕切っている！ 起訴はカバールの悪事の証拠を裁判で提示するためのセットアップで、カバールとの闘いがエンドゲーム（終盤戦）に突入したのだ！」、と確信しました。

後は、ＢＲＩＣＳがドルを潰して、不法移民やＢＬＭ、アンティファが暴動を起こし、サイバー攻撃やキューバ危機もどきのグラディオ、エイリアン襲来かキリスト再臨の芝居（空に塵《ちり》を散布して作ったスクリーンにイエス・キリストが映し出される）が展開され、アメリカが大混乱

い限り、国民が軍隊の出動を望む状況になるのを待つだけです。

トランプ大統領は、「2025年の戦没者追悼記念日（5月最終月曜日）から2026年の独立記念日（7月4日）まで13ヶ月にわたるアメリカ建国250年記念祭典を行う」、と宣言しています。

トランプ大統領の言葉に嘘はないので、NEVER GIVE UP！

最後に、常人の千歩先を見据えて私たちを導いてくださる副島隆彦先生と、いつも丁寧に編集をしてくださる小笠原豊樹さんに、深く御礼申し上げます。

2023年9月3日

不法移民の波に呑み込まれたテキサスの田舎町にて　西森マリー

本文の記述の根拠となる資料、ビデオのURLは、秀和システムのホームページ https://www.shuwasystem.co.jp/ にある本書のサイトのサポート欄に掲載してあります。

…知識人たち…

…連鎖から世界大恐慌…

…（祥伝社）、『愛子天皇待望論』（…

…ィープステイトはウクライナ戦争を第3次世界大戦に…

■著者プロフィール

西森マリー（にしもり まりー）

ジャーナリスト。エジプトのカイロ大学で比較心理学を専攻。イスラム教徒。1989年から1994年までNHK教育テレビ「英会話」講師。NHK海外向け英語放送のDJ、テレビ朝日系「CNNモーニング」のキャスターなどを歴任。1994年から4年間、ヨーロッパで動物権運動の取材。1998年、拠点をアメリカのテキサスに移し、ジャーナリストとして活躍している。著書に『ディープ・ステイトの真実』『世界人類の99.99%を支配するカバールの正体』『カバールの民衆「洗脳」装置としてのハリウッド映画の正体』『カバールの捏造情報拡散機関フェイク・ニューズメディアの真っ赤な嘘』『カバール解体大作戦』（以上、秀和システム）他多数。

アメリカ衰退《すいたい》の元凶《げんきょう》バラク・オバマの正体《しょうたい》
カバールの「グラディオ作戦《さくせん》」徹底検証《てっていけんしょう》

発行日　2023年 9月30日　　第1版第1刷

著　者　西森《にしもり》　マリー
監修者　副島《そえじま》　隆彦《たかひこ》

発行者　斉藤　和邦
発行所　株式会社　秀和システム
〒135-0016
東京都江東区東陽2-4-2　新宮ビル2F
Tel 03-6264-3105（販売）Fax 03-6264-3094

印刷所　日経印刷株式会社　　Printed in Japan

ISBN978-4-7980-7084-1 C0031

定価はカバーに表示してあります。

乱丁本・落丁本はお取りかえいたします。

本書に関するご質問については、ご質問の内容と住所、氏名、電話番号を明記のうえ、当社編集部宛FAXまたは書面にてお送りください。お電話によるご質問は受け付けておりませんのであらかじめご了承ください。

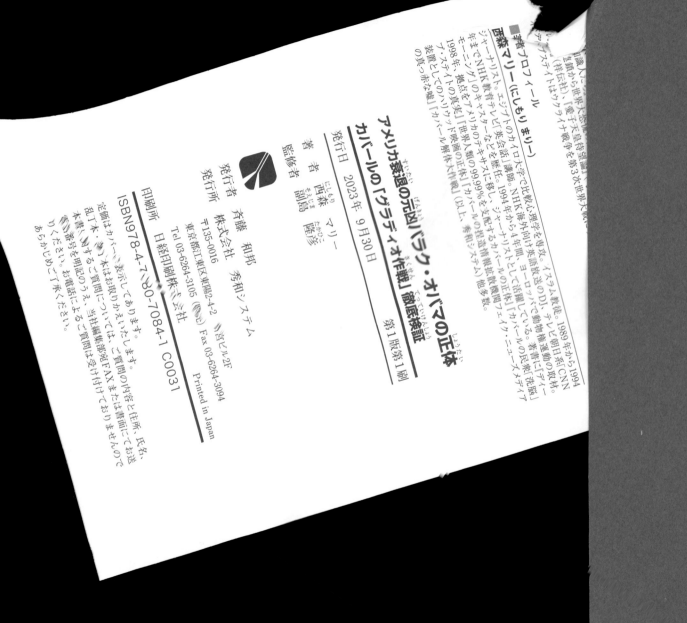